VICTOR HUGO ILLUSTRÉ

EN VOYAGE

FRANCE ET BELGIQUE

DESSINS DE VICTOR HUGO

Librairie du **VICTOR HUGO ILLUSTRÉ**

13, RUE THÉRÈSE, PARIS

EN VOYAGE

FRANCE ET BELGIQUE

DESSINS DE VICTOR HUGO

IL A ÉTÉ TIRÉ DE CET OUVRAGE :

20 exemplaires sur papier du Japon, numérotés de 1 à 20
60 — sur papier de Chine, — de 21 à 80
80 — sur papier vélin teinté, — de 81 à 160

EXEMPLAIRE N°

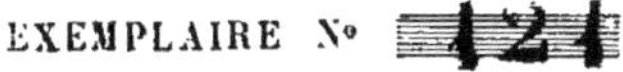

VICTOR HUGO ILLUSTRÉ

EN VOYAGE

FRANCE ET BELGIQUE

DESSINS DE VICTOR HUGO

1834-1835-1836

BRETAGNE ET NORMANDIE

1834

Brest, 8 août.

J'arrive. Je suis encore tout étourdi de trois nuits de malle-poste, sans compter les jours. Trois nuits à grands coups de fouet, à franc étrier, sans boire, ni manger, ni respirer à peine, avec quatre diablesses de roues qui mangent des lieues vraiment quatre à quatre qu'elles sont. Je t'assure, ma pauvre amie bien-aimée, que la tête est lasse, quand, par une aube de vent et de brume, on descend au grand galop dans Brest, sans rien voir que la vitre abaissée sur vos yeux contre la pluie.

Mais ce qui n'est pas las, ce qui est toujours prêt à t'écrire, à penser à toi et à t'aimer, c'est le cœur de ton pauvre vieux mari qui a été enfant avec toi, quoique tu sois restée bien plus jeune que lui de cœur, d'âme et de visage.

Je n'ai encore rien vu de Brest. Point de monuments qu'une grande vilaine église du Louis XV le plus Saint-Sulpice qui soit. Pas de vieilles maisons sculptées. Je crois qu'il faudra se résigner au bagne et aux vaisseaux de ligne.

A Saint-Brieuc, Mlles Bernard m'ont quitté. Elles ont été remplacées dans la malle-poste par un officier de marine, homme distingué, M. Esnonne. Il a une fort jolie femme et deux jolis enfants. Il est fort littéraire, sa femme et ses enfants fort poétiques. Leur poésie et la mienne visiteront le bagne ensemble. M. Esnonne m'y fera entrer sans que j'aie à trahir mon incognito.

Dès que j'aurai une minute, je t'écrirai. J'irai sans doute voir Karnac. J'ai déjà mouillé mes pieds dans l'océan.

Comment va mon Toto? et toi? et tous? Ecris-moi bien au long. Tu vois et tu sais comme je t'aime.

Mille amitiés aux habitants des Roches.

Vannes, 12 août.

Me voici à Vannes. Je suis allé hier à Karnac dans un affreux cabriolet et par d'affreuses routes, et à Lokmariaker à pied. Cela m'a fait huit bonnes lieues de marche qui ont crevé mes semelles; mais j'ai amassé bien des idées et bien des sujets, chère amie, pour nos conversations de cet hiver.

Tu ne peux te figurer comme les monuments celtiques sont étranges et sinistres. A Karnac, j'ai eu presque un moment de désespoir. Figure-toi que ces prodigieuses pierres de Karnac, dont tu m'as si souvent entendu parler, ont presque toutes été jetées bas par les imbéciles paysans qui en font des murs et des cabanes. Tous les dolmens, un excepté qui porte une croix, sont à terre. Il n'y a plus que des peulvens. Te rappelles-tu? un peulven, c'est une pierre debout comme nous en avons vu une ensemble à Autun, dans ce doux et charmant voyage de 1825.

Les peulvens de Karnac font un effet immense. Ils sont innombrables et rangés en longues avenues. Le monument tout entier, avec ses cromlechs qui sont effacés et ses dolmens qui sont détruits, couvrait une plaine de plus de deux lieues. Maintenant on n'en voit plus que la ruine. C'était une chose unique qui n'est plus. Pays stupide! peuple stupide! gouvernement stupide!

A Lokmariaker, où j'ai eu beaucoup de peine à parvenir avec les pieds ensanglantés par les bruyères, il n'y a plus que deux dolmens, mais beaux. L'un, couvert d'une pierre énorme, a été frappé par la foudre, qui a brisé la pierre en trois morceaux. Tu ne peux te figurer quelle ligne sauvage ces monuments-là font dans un paysage.

J'ai couché à Auray, chez la mère Seauneau, excellente auberge, et je suis venu ce matin à Vannes. J'ai mille choses à y voir, puis je partirai demain pour Nantes. Je compte toujours passer à Tours; tu peux m'y adresser tes lettres. Écris-moi souvent et beaucoup, n'est-ce pas, mon pauvre ange?

Je serai à Paris vers le 20. Embrasse bien tous nos anges pour moi, pauvre diable. Dis à Mlle Louise que je ne puis penser sans attendrissement à toute sa bonté pour Toto. Dis à Martine mille bonnes amitiés. Tu es encore sans doute aux Roches, au moment où je t'écris. Je t'y adresse cette lettre. A bientôt, mon Adèle, je t'aime plus que jamais.

Tours, 16 août, 10 heures 1/2 du soir.

Juge de mon désappointement. Je suis arrivé à Tours ce matin à dix heures, après une affreuse nuit passée dans la *rotonde* d'une *diligence*. La rotonde d'une diligence, c'est évidemment le purgatoire. C'est égal, j'étais affamé de vos nouvelles à tous, affamé d'une lettre de toi. Je débarque, je cours à la poste. Rien! Je m'attendais à dix lettres! Le moment a été dur. Et puis je me suis mis à calculer. En effet, il n'y a pas de ta faute. Ma lettre de Brest n'a dû t'arriver que mercredi ou jeudi, et ta réponse ne pouvait être à Tours samedi matin. Je ne partirai que demain soir, et j'irai coucher à Amboise. On me promet des lettres peut-être pour demain. — Oh! j'ai besoin de savoir où vous en êtes tous, et si tu m'aimes, et si tu penses toujours à moi!

Je suis venu de Nantes à Angers par le bateau à vapeur. Les fameux bords de la Loire sont plats et nuls, à cela près d'Oudon, d'Ancenis, de Saint-Florent et de quelques rochers çà et là. L'abord d'Angers est charmant, mais il appartient à la Mayenne. Le bateau à vapeur est sale, puant et incommode. Entre autres incommodités, j'y ai rencontré Mme de Féraudy, tu sais? l'ancienne Mme de Féraudy, et il m'a fallu faire l'aimable. C'était diabolique. Pour comble, arrivé à Angers, comme j'allais voir la cathédrale, beau portail et beaux vitraux, elle s'est pendue à mon bras et force m'a été de lui servir de cornac. Je rentrais assez piteux en cette compagnie à l'hôtel du Faisan, quand voilà, pour dernier coup, le duc d'Abrantès qui m'accoste, non pas le duc chevelu et barbu que tu connais, mais un petit duc rouge et joufflu, rasé et cheveux courts, qui s'en va à Cholet, avec une feuille de route de soldat qu'il est, prendre la capote bleue et monter la garde dans les bruyères. J'ai donc dîné entre cette dame et ce monsieur. A huit heures du soir, je suis remonté par bonheur en voiture, dans la rotonde en question, et je suis débarqué ce matin, moulu, à Tours, où il n'y a pas une lettre de toi pour me remettre l'âme et le corps. Plains-moi.

Tours, que j'ai visité aujourd'hui et où je suis l'objet de toutes sortes de persécutions *admiratrices*, Tours, où j'ai trouvé *Lucrèce Borgia* affichée en pleine foire, et le collège en émoi de mon arrivée, Tours est une belle ville. Force vieilles maisons, surtout en pierre, deux belles tours romanes, une superbe église romane qui sert d'écurie à l'hôtel de l'Europe, une ravissante fontaine de la Renaissance, de beaux débris de fortifications, et la cathédrale, qui est admirable, admirable d'architecture et de vitraux. Voilà tout ce que j'ai vu de Tours aujourd'hui. Je continuerai demain.

Je n'ai fait qu'entrevoir Angers dans le crépuscule. Les vitraux et le portail de la cathédrale sont merveilleux, le vieux château est très beau, toute la ville est pittoresque. Je trouve que notre bon Louis ne l'admire pas assez. Dis-le-lui de ma part.

Demain je verrai Amboise, et je tâcherai de t'écrire. Écris-moi, toi, bien long. Si je reçois demain avant mon départ une lettre de toi, je clorai joyeusement celle-ci.

17 août, 11 heures du soir.

Pas de lettres encore aujourd'hui! J'ai quitté Tours bien triste, en recommandant qu'on m'envoyât mes lettres à Orléans. Je suis à Amboise, dont je visiterai le château demain. Je t'aime, mon Adèle. Baise pour moi Didine, Toto, Charlot et Dédé, mes bijoux.

Étampes, 22 août.

Merci, mon Adèle, de ta bonne petite lettre du 19. Elle m'a fait plus de plaisir que je ne puis te dire. Un verre d'eau à un altéré. Il me tarde d'avoir toutes les autres, mais je crains que ce bonheur ne soit pour Paris, avec la joie de t'embrasser.

Je dis *je crains*, parce qu'il serait encore possible que mon arrivée fût retardée de trente-six heures. Je suis à Étampes, j'y ai trouvé une espèce d'antiquaire, ancien officier de la garde, ami de Paul Lacroix, nommé M. Grandmaison, à qui appartient ce fameux donjon d'Étampes que tu connais, et qui veut me montrer toutes les ruines des alentours. Elles sont assez nombreuses et fort belles. Nous devons aller voir demain le *Temple*, ancien monastère écroulé sur la montagne. Il y a ici de belles églises romanes. Une (Saint-Martin) a une tour penchée comme Pise. Il serait possible que j'allasse de là à Fontainebleau voir le château, s'il se présente une bonne occasion; mais les vacances rendent les voitures chères et rares. Écris-moi toujours à Melun.

J'ai passé hier une admirable journée à Pithiviers et

aux environs. Yèvres-le-Châtel, qui est à deux lieues et où je suis allé à pied avec mes souliers percés, contient à lui seul un couvent et un château, ruinés, mais complets. C'est magnifique. Je dessine tout ce que je vois. Tu en jugeras.

Mon Adèle, ma pauvre amie, si tu savais quelle joie j'aurais de t'avoir près de moi dans ces moments-là. Oh! certes, nous ferons un voyage ensemble.

Embrasse pour moi Martine, ma bonne Martine, et nos quatre charmants joujoux. Si vous saviez comme je vous aime tous!

Cette lettre est probablement la dernière que je t'écrirai. Je la suivrai de près. Je t'embrasse et je t'aime.

V.

Ici une lettre pour Poupée. Toto va-t-il bien? Se plaît-il là-bas?

1835

Montereau. 26 juillet, 6 heures 1/2 du soir.

Bonjour, mon pauvre ange. Bonjour, mon Adèle. Comment as-tu fait le voyage? Tu es arrivée et déjà, j'espère, quelque peu reposée au moment où je t'écris. Moi, voici où j'en suis.

Je suis parti hier matin à sept heures par le bateau à vapeur, et je suis arrivé à Montereau hier à sept heures du soir. J'y suis encore à l'heure où je t'écris, fort contrarié de ne pas trouver de voiture, et ne sachant pas encore en ce moment-ci si je partirai dans une heure pour Sens par la diligence ou demain matin en cabriolet pour Provins. Par Sens le détour est plus grand, mais je verrai Troyes et Châlons-sur-Marne. Autrement je passerai par Provins, Coulommiers et Château-Thierry. J'ai affaire à d'affreux loueurs de voitures qui font tout ce qu'ils peuvent pour me rançonner. Mais je me défends.

Et toi, penses-tu un peu à ton pauvre mari? Comment va notre Didine? Baise-la mille fois pour moi. Serre la main de ma part à ton excellent père. J'ai quitté hier matin nos chers petits endormis, et je les ai bien baisés pour nous deux. Toto a passé la nuit avec moi, couché tout nu à mon côté. Il était charmant ainsi endormi quand je l'ai quitté.

A bientôt. Écris-moi, je t'écrirai du premier séjour que je ferai. En attendant, je t'embrasse. Je t'aime bien, va, mon Adèle.

Mille amitiés à Pavie et à son frère. Je les aime tous comme tu sais.

Coulommiers, 28 juillet, midi.

Me voici à Coulommiers, mon Adèle, depuis hier soir. C'est une ville assez insignifiante, avec une église telle quelle, quelques ogives et une tour rococo. Les environs paraissent jolis. On est dans un bassin d'arbres.

J'ai déjà vu Montereau, d'où je t'ai écrit, Bray et Provins. Montereau est une ville assez pittoresque, assise sur une espèce d'Y que forme le confluent de l'Yonne et de la Seine. Cela produit un pont tortu, d'où l'église est charmante à voir. Il a passé toutes sortes d'hommes sur ce pont-là, depuis Jean sans Peur jusqu'à Napoléon.

J'ai visité sur la montagne qui domine le pont la place où Napoléon a braqué lui-même son canon en 1814. J'y ai cueilli une fleur de laurier-rose. Car c'est maintenant un jardin de plaisance. La vue de là est belle. L'immense Y des deux rivières se développe largement dans un paysage magnifique.

A Bray, petite ville puante, j'ai écrit ce quatrain, en m'éveillant, sur le mur de l'auberge :

> Au diable, auberge immonde, Hôtel de la punaise!
> Où la peau le matin se couvre de rougeurs,
> Où la cuisine pue, où l'on dort mal à l'aise,
> Où l'on entend chanter les commis voyageurs!

(Au moment où je t'écris, voici une charmante petite poule qui vient becqueter je ne sais quoi à mes pieds dans un rayon de soleil.)

Quant à Provins, c'est différent, non l'auberge, mais la ville. Il y a quatre églises, une porte de ville fort belle, un donjon avec quatre tourelles en contreforts.

et une enceinte de murailles et de tours ruinées, le tout répandu de la façon la plus charmante sur deux collines baignées jusqu'à mi-côte dans les arbres. Et puis, force vieilles maisons encore pittoresques. J'ai dessiné le donjon que je te montrerai. Je l'ai visité; il me servira beaucoup.

Il me reste à peine assez de place pour te dire que je veux que tu t'amuses, que tu penses à moi et que tu m'aimes. C'est aujourd'hui le jour de bonheur pour notre excellent Pavie. Je lui souhaite une femme comme toi. Après cela, qu'il remercie Dieu.

Je t'embrasse, et je t'embrasse encore, ainsi que notre Didine. Je vais déjeuner. Dans une demi-heure, je pars pour Château-Thierry.

Je t'aime, mon Adèle.

V.

La Fère, 1er août, midi.

Je pense, avec bien de la joie, mon Adèle, que dans deux jours j'aurai de tes nouvelles à Abbeville. J'espère que tu te seras bien amusée, que tu auras trouvé nos excellents amis plus excellents que jamais. Quant à moi, j'ai trouvé les auberges plus exécrables qu'en aucun temps et qu'en aucun pays jusqu'à ce jour.

Je voyage fort au hasard, faisant quelquefois de bons bouts de route à pied et trouvant des voitures à grand'-peine. Je vois chemin faisant d'admirables choses, ce qui me console. J'ai vu Château-Thierry et la maison de La Fontaine, qui est à vendre. Un vieux président nommé Tribert qui l'habite m'en a fait les honneurs.

A Soissons, j'ai visité les belles ruines de Saint-Jean avec la famille du commandant d'artillerie, M. de Bonneau. Famille aimable et très hospitalière.

A deux lieues de Soissons, dans une charmante vallée repliée loin de la route, il y a un admirable châtelet du quinzième siècle encore parfaitement habitable. Cela s'appelle Septmonts. J'ai prié M. de Bonneau de me donner avis si jamais on voulait vendre ce château une dizaine de mille francs. Je te l'achèterais, mon Adèle. C'est la plus ravissante habitation que tu puisses te figurer. Une ancienne maison de plaisance des évêques de Soissons.

Tu ne peux t'imaginer la beauté de la vallée de Soissons quand on monte la côte vers Coucy, je l'ai montée à reculons tant c'était beau. Les deux flèches à jour de Saint-Jean, la cathédrale, la ville pleine de vieilles tours et de pignons taillés, de superbes horizons verts et bleus, une charmante rivière qui se noue et se dénoue à tous les angles du paysage, juge! Je t'aurais bien voulue là, mon pauvre ange, mais j'aurais plaint tes pauvres pieds obligés de faire quatre lieues de montagnes dans les cailloux jusqu'à Coucy.

Je renonce à te peindre Coucy. Je t'en parlerai. C'est une ville du moyen âge sur une colline, presque intacte, avec un admirable donjon au bout, comme l'ongle au bout du doigt. Tout cela dans une plaine magnifique, coupée de rizières, de routes jaunes, de cours d'eau et de chemins bordés de pommiers bas qui peignent les charrettes de foin au passage.

De Coucy à Laon il y a un M. de Coutoul qui mystifie les voyageurs avec une espèce de tour factice en gothique d'horloger, cachée dans les arbres, laquelle m'a coûté trente sous donnés au laquais qui me l'a montrée. Que le diable l'emporte!

J'ai quitté Laon ce matin, vieille ville avec une cathédrale qui est une autre ville dedans; une immense cathédrale qui devait porter six tours et qui en a quatre, quatre tours presque byzantines à jour comme des flèches du seizième siècle. Tout est beau à Laon, les églises, les maisons, les environs, tout, excepté l'horrible auberge de *la Hure* où j'ai couché et sur le mur de laquelle j'ai écrit ce petit adieu :

A L'AUBERGISTE DE « LA HURE »

Vendeur de fricot frelaté,
Hôtelier chez qui se fricasse
L'ordure avec la saleté,
Gargotier chez qui l'on ramasse
Soupe maigre et vaisselle grasse
Et tous les poux de la cité,
Ton auberge comme ta face
Est hure pour la bonne grâce
Et groin pour la propreté!

Il faut te dire que l'aubergiste est insolent par-dessus le marché. Il vous fait manger des poulets crevés et vous rit au nez, le drôle.

Me voici maintenant à La Fère et je t'écris en attendant un déjeuner tel quel que je vais partager avec trois faces stupides et campagnardes. Il y a des chasses peintes sur les murs de l'auberge. J'ai remarqué que cela est de mauvais augure. Cela veut dire qu'on n'aura pas d'autre gibier qu'en peinture.

Voici, j'espère, mon Adèle bien-aimée, une longue lettre. Je compte sur de bien longues lettres de toi aussi, sur des descriptions de tout ce qui t'arrive, de tout ce que tu vois, de tout ce que tu fais. La prochaine fois j'écrirai à notre chère petite Poupée. Il faut qu'elle m'écrive en attendant. Serre bien la main de ton excellent père, qui se sera retrempé dans sa Bretagne, et que j'aime comme tu sais.

Adieu, mon pauvre ange, on m'appelle pour déjeuner. J'ai à peine le temps de fermer cette lettre. Mille amitiés à nos amis. Dis-leur combien je suis à eux du fond du cœur.

Et à toi avant tout, mon Adèle.

V.

Je pars pour Saint-Quentin où j'arriverai ce soir. J'aurai bien de la joie de te revoir et nos chers petits.

Amiens, 3 août.

J'adresse cette lettre à Angers avec quelque inquiétude qu'elle ne t'y trouve plus, mon Adèle; cependant je calcule qu'elle sera à Angers le 6 et que tu n'en partiras guère que vers le 7. Je suis à Amiens, demain je serai à Abbeville, et j'aurai de tes lettres dont j'ai bien soif.

Depuis que je t'ai écrit, j'ai vu Saint-Quentin où il n'y a qu'une charmante maison de ville et une jolie façade en bois sculpté de 1598; et Péronne dont j'ai dessiné le beffroi. Me voici maintenant à Amiens dont la cathédrale va m'occuper toute la journée. C'est une merveille.

Ce soir, où es-tu? que fais-tu? comment vas-tu? Comme je vais te retrouver gaie et fraîche, n'est-ce pas? J'ai bien besoin de ton sourire.

Tu reverras nos chers petits avant moi, baise-les mille fois pour moi, tu sais comme je les aime, et qu'après toi, c'est eux.

J'espère que ton père s'est toujours bien porté dans ce petit voyage. Embrasse-le bien pour moi, et notre Didinette à qui j'écris.

A bientôt, mon Adèle. Du 15 au 20 je compte être à Paris. D'ici là, pense à moi.

Demain, Abbeville et tes lettres!

V.

J'ai écrit de Coulommiers à Mlle Louise.

Mes plus tendres amitiés à nos amis d'Angers.

Du Tréport, 6 août.

J'ai eu hier joie et chagrin, chère amie, joie de recevoir ta lettre, chagrin de n'en recevoir qu'une. Enfin, je te sais arrivée à bon port, et ma Didine aussi qui m'a écrit une bonne petite lettre et que tu baiseras pour moi. Je suis fâché que la route ait fatigué ton père. Dis-lui de se bien soigner au retour. Au moment où j'écris ce mot, je pense qu'il arrivera un peu tard et que sans doute à l'heure qu'il est vous êtes en marche vers Paris. C'est ce qui me détermine à t'y adresser cette lettre.

J'ai séjourné près de vingt-quatre heures à Abbeville. J'étais un peu fatigué d'une vingtaine de lieues faites à pied à courir les châteaux depuis huit jours, et puis j'espérais donner le temps d'arriver à de nouvelles lettres de toi. Je suis allé deux fois à la poste, rien. Je ne te gronde pas, pauvre chère amie, je sais que tu as fait pour le mieux. J'ai reçu aussi à Abbeville, par Martine, de bonnes nouvelles de nos chers petits.

J'ai vu les ruines de Corbie, deux belles tours et quelques circonvallations assez fermement tracées encore; de Boves, un grand donjon crevassé; de Picquigny, quelques pans de mur seulement.

Notre-Dame d'Amiens est un chef-d'œuvre prodigieux. J'y ai rencontré cet imbécile de Joseph Bara comme on trouverait une puce sur Vénus.

Saint-Wulfrand d'Abbeville a un portail qui est un fouillis de merveilleux petits détails. La ville est une vieille ville à maisons peintes qui m'a rappelé Burgos; par là seulement, il est vrai.

J'ai vu hier la ville d'Eu. Le château est intéressant et curieux quoique ratissé, débarbouillé et gâté par les restaurations récentes. J'ai visité dans le collège les tombes du Balafré et de sa femme, deux chefs-d'œuvre du seizième siècle, et, dans la crypte de l'église, les tombeaux des comtes d'Eu et d'Artois. J'ai été là très observé par deux gendarmes auxquels j'ai ri au nez.

Le soir, je suis venu au Tréport, ne pouvant me résigner à coucher si près de la mer sans l'avoir à la semelle de mes souliers. Je suis content en ce moment, elle vient baver sous ma croisée.

C'est une bien belle chose que la mer, mon Adèle. Il faudra que nous la voyions un jour ensemble.

Je me suis promené toute la soirée sur la falaise. Oh! c'est là qu'on se sent des frémissements d'aile. Si je n'avais mon nid à Paris, je m'élancerais.

Mais tu es là, et je reste, et tant que tu seras là, mon ange, je resterai. Je suis donc pris pour la vie, mais j'aime la cage où tu es.

Je ne sais pas si le désir de voir la mer plus longtemps ne me fera pas aller à Caen au lieu d'aller à Rouen. En tout cas, écris-moi à Mantes, poste restante. Il me sera facile de faire venir mes lettres de là, si je ne vais pas les chercher moi-même.

J'écris à Boulanger, et je t'envoie la lettre sous ce pli. Fais-la-lui parvenir. Voici aussi pour les petits des petites lettres que tu leur remettras avec autant de baisers qu'elles contiennent de mots.

A bientôt, mon Adèle. Ce sera une vive joie que celle de t'embrasser.

Ton Victor.

Mille amitiés à la barona Martina. Bon souvenir à tous ceux qui se souviennent de nous. Comment va ce pauvre bon Nanteuil que j'ai laissé malade?

A LOUIS BOULANGER

Le Tréport.

Je suis au bord de la mer, Louis, et c'est une grande chose qui me fait toujours penser à vous. D'ailleurs, vous savez bien que nous sommes deux frères.

Je voudrais que vous fussiez ici, d'abord parce que vous seriez près de moi, ensuite parce que vous seriez près de la mer. Nous autres, nous avons quelque chose de sympathique avec la mer. Cela remue en nous des abîmes de poésie. En se promenant sur une falaise on sent qu'il y a des océans sous le crâne comme sous le ciel.

Je suis arrivé ici hier au soir. En arrivant, j'ai visité l'église, qui est comme sur le toit du village. On y monte par un escalier. Rien de plus charmant que cette église qui se dresse pour se faire voir de loin aux matelots en mer et pour leur dire : je suis là. J'aime bien un matelot dans une église (il y en avait un dans l'église du Tréport). On sent que ces hommes sur qui pèse toujours la mer viennent chercher là le seul contre-poids possible. De tristes choses au bord de l'océan qu'une charte et une chambre des députés!

Eh bien! j'ai senti que l'art restait grand! Voyez-vous, il n'y a que cela, Dieu qui se reflète dans la nature, la nature qui se reflète dans l'art.

A la nuit tombante, je suis allé me promener au bord de la mer. La lune se levait; la marée montait; des chasse-marées et des bateaux pêcheurs sortaient l'un après l'autre en ondulant de l'étroit goulot du Tréport. Une grande brume grise couvrait le fond de la mer où les voiles s'enfonçaient en se simplifiant. A mes pieds l'océan avançait pas à pas. Les lames venaient se poser les unes sur les autres comme les ardoises d'un toit qu'on bâtit. Il faisait assez grand vent; tout l'horizon était rempli d'un vaste tremblement de flaques vertes; sur tout cela un râle affreux et un aspect sombre, et les larges mousselines de l'écume se déchirant aux cailloux; c'était vraiment beau et monstrueux. La mer était désespérée, la lune était sinistre. Il y avait quelque chose d'étrange à voir cette immense chimère mystérieuse aux mille écailles monter avec douleur vers cette froide face de cadavre qui l'attire du regard à travers quatre vingt-dix mille lieues, comme le serpent attire l'oiseau. Qu'est-ce donc que cette fascination où l'océan joue le rôle de l'oiseau?

Hier, en quelques heures, j'ai vu la mer sous trois aspects bien différents. La première fois, il était deux heures après midi, c'était entre Abbeville et Valines à ma droite. La mer était loin, c'était comme un banc de brume posé sur la ligne extrême de l'horizon. La seconde fois, près d'Eu, le soleil déclinait, le ciel était gris et plein de vapeurs diffuses, la mer emplissait l'intervalle de deux hautes collines; je ne sais comment tombait le rayon du soleil, on eût dit un triangle d'or massif sans aucun coin sombre; seulement un léger frissonnement moiré à la surface. Cela m'apparut subitement au haut d'une montée comme un trou éblouissant au bas du ciel terne. Figurez-vous cette vision.

Le troisième aspect, c'était cette marée montante le soir.

Mais voici une lettre sans fin, et je ne vous ai pas encore parlé de vous, cher ami. Il me semble que parler de la mer c'est parler de nous. Est-ce que nous ne dirions pas cela et mille autres choses encore si nous étions ensemble? Oh! je vous voudrais ici, mon excellent ami, pour moi; vous, mon grand peintre, pour l'océan.

Adieu. Le papier me manque; je vous serre la main. Faites de belles choses là-bas pendant que j'en vois ici.

VICTOR H.

Montivilliers, 10 août, 8 heures du matin.

Tu es sans doute bien près d'arriver à Paris en ce moment, mon Adèle. Je n'ai pas voulu t'adresser ma dernière lettre (du Tréport) à Blois, de peur qu'elle ne t'y parvînt pas à temps Tu l'ouvriras probablement en même temps que celle-ci.

Depuis que je t'ai écrit, j'ai vu tous les bords de la mer du Tréport au Havre, où je vais arriver dans trois heures.

J'ai vu Dieppe, dont le château, assez beau encore d'aspect, n'offre plus qu'un seul débris curieux, c'est une assez belle fenêtre de la Renaissance par laquelle s'est évadée, dit-on, la duchesse de Longueville, cette duchesse de Berry de son temps, plus belle que la nôtre pourtant. Au reste, il ne faut peut-être pas trop en croire la tradition. A Amboise, l'an passé, on m'a montré aussi une fenêtre par où l'on dit que la duchesse de Longueville s'est échappée. C'est une gracieuse fantaisie de la tradition que celle qui attache cette belle dame, au bout d'une échelle de corde, à toutes les jolies fenêtres de la Renaissance.

Du reste, ville assez insipide que Dieppe, à la mer près qui fait beau tout ce qu'elle touche, comme la poésie.

Après Dieppe, j'ai visité Saint-Valery-en-Caux, petit port insignifiant. Mais une ville charmante, c'est Fécamp. L'église est du plus beau gothique sévère, presque romane, avec des chapelles de la Renaissance qui sont des bijoux et de forts belles tombes du quinzième siècle. Presque plus de vitraux. Les débris du jubé, dispersés çà et là dans l'église, sont les plus admirables fragments qu'on puisse voir. Il y a là des têtes comme chez Raphaël dans une fort belle adoration de la Vierge au tombeau (de grandeur naturelle). Il y a une tête de sculpture peinte d'un homme qui tient un livre qui est le plus étonnant portrait d Ingres que tu puisses te figurer. Je le défierais lui-même de se faire plus ressemblant.

De Fécamp, ne trouvant pas de voiture, je suis allé à pied à Étretat, qui est à quatre lieues, et d'Étretat ici, quatre autres lieues, ce qui m'a fait hier une assez bonne journée. Je suis arrivé à Montivilliers à onze heures du soir. J'ai frappé à la porte de l'auberge, et elle m'a été ouverte par une fort jolie châtelaine qui s'appelle Mlle Bouju et qui m'a très gracieusement donné sa chambre, meublée des acajous les plus flambants et son papier azuré sur lequel je t'écris, mon Adèle.

Ce que j'ai vu à Étretat est admirable. La falaise est percée de distance en distance de grandes arches naturelles sous lesquelles la mer vient battre dans les marées. J'ai attendu que la marée fût basse, et, à travers les goëmons, les flaques d'eau, les algues glissantes et les gros galets couverts d'herbes peignées par le flot qui sont comme des crânes avec des chevelures vertes, je suis arrivé jusqu'à la grande arche, que j'ai dessinée. Il y a, à droite et à gauche, des porches sombres; l'immense falaise est à pic, la grande arche est à jour, on en voit une seconde à travers ; de gros chapiteaux grossièrement pétris par l'océan gisent de toutes parts. C'est la plus gigantesque architecture qu'il y ait. Dis à Boulanger que Piranèse n'est rien à côté des réalités d'Étretat.

Au loin, à l'horizon, dont les voiles gris sur la mer une Napoléon. Le tout

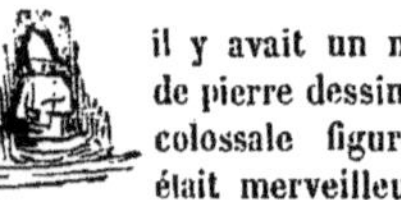

il y avait un navire de pierre dessinaient colossale figure de était merveilleux.

J'oubliais de te dire qu'à Fécamp j'avais vu la pleine mer par la pleine lune. Magnifique spectacle. Il y avait un navire norvégien qui sortait du port avec ces chants de matelots qui ressemblent à des plaintes. Derrière moi la ville et son clocher entre deux collines, devant moi le ciel et la mer perdus et mêlés dans un clair de lune immense, à droite le fanal du port à lumière fixe, à gauche les grands blocs d'ombre d'une falaise écroulée. J'étais sur un échafaudage du môle qui tremblait à chaque coup de la lame. En ce moment-là, j'ai pensé à toi, mon pauvre ange, à nos chers petits, à Dédé qui joue place Royale et à tout ce qu'il y a de frais et de charmant dans l'ombre que tu répands autour de toi.

Je n'ai pas encore exploré Montivilliers. J'en vais repartir dans une heure, huché sur l'impériale d'un coucou tel quel qui me mènera au Havre où je déjeunerai. Il va sans dire que je garde partout l'incognito le plus profond. Je n'ai encore été reconnu nulle part, excepté à Soissons. Du Havre, selon le véhicule que je trouverai prêt, je me dirigerai sur Rouen ou sur Caen. Dans ce dernier cas, mon retour serait retardé d'environ trois jours. — A propos, à Dieppe, j'ai vu le château d'Arques qui est une sublime ruine.

Ecris-moi toujours à Mantes, mon Adèle.

J'espère que ce petit voyage t'aura fait du bien et que tu te portes toujours grasse et fraîche. Je vais profiter de ce que je suis en Normandie pour en voir un bon bout avec quelque détail. Il me tarde bien de t'embrasser pourtant, et il y a bien longtemps que je ne vous ai tous vus, mes anges.

Mille baisers de ton vieil ami. Embrasse-les tous.

V.

Rouen, 13 août.

Comme je voyage au hasard des voitures que je rencontre, me voici à Rouen, chère amie. J'ai à peu près renoncé à aller à Caen, ce qui m'eût entraîné trop loin. Je t'écris avant d'avoir rien vu de Rouen, où je suis arrivé hier à onze heures du soir, par un clair de lune qui, du haut de la côte, m'a fait des ombres de la ville et des clartés de la Seine un admirable paysage.

J'ai vu d'ailleurs, depuis que je t'ai écrit, de magnifiques choses; le clocher roman de Montivilliers, la forêt de mâts du Havre, l'aiguille évidée d'Harfleur ; Lillebonne, où il y a trois monuments de trois idées, une église gothique, un donjon féodal, un cirque romain; Tancarville, dont le château ruiné est plus beau qu'un palais debout; Caudebec, qui n'est qu'une dentelle de pierre ; Saint-Wandrille, auge magnifique où s'ébat un hideux pourceau dévastateur nommé Lenoir ; Jumièges, qui est encore plus beau que Tournus ; et, à travers tout cela, la Seine, serpentant sur le tout.

Aujourd'hui je vais voir Rouen.

Tu vois, mon Adèle, qu'aucune de ces belles et bonnes choses ne m'empêche de songer à toi, pauvre amie. Tu es la plus belle des choses qui sont belles, tu es la meilleure des choses qui sont bonnes. — Avec quelle joie je te reverrai !

Il me reste à parcourir les bords de la Seine après Rouen. Je les serrerai le plus près possible, et, s'il me reste assez d'argent, je ferai un détour par Gisors pour aller jusqu'à Compiègne voir Pierrefonds qui manque à ma collection de châteaux.

En attendant les bons et vrais baisers, je t'embrasse ici, mon Adèle, et nos chers petits, et Martina Leusurica y Galassa. — Aime-moi.

Ton meilleur et plus sûr ami.

V.

Ecris-moi maintenant à Mantes, poste restante.

La Roche-Guyon, 16 août.

Je suis à la Roche-Guyon, et j'y pense à toi. Il y a quatorze ans, presque jour pour jour, j'étais ici, et à qui pensais-je? à toi, mon Adèle. Oh! rien n'est changé dans mon cœur. Je t'aime *toujours* plus que tout au monde, va, tu peux bien me croire. Tu es ma propre vie.

Rien n'est changé non plus dans ce triste et sévère paysage. Toujours ce beau croissant de la Seine, toujours ce sombre rebord de collines, toujours cette vaste nappe d'arbres. Rien n'est changé non plus dans le château, excepté le maître qui est mort, et moi, le passant qui suis vieilli. D'ailleurs c'est encore le même ameublement seigneurial; j'ai revu le fauteuil où s'est assis Louis XIV, le lit où a couché Henri IV.

Quant au lit où j'avais couché, c'était le vaste lit du cardinal de La Rochefoucauld; il y a six mois, M. de Rastignac s'est plaint au maître actuel d'y être couché trop au large, ce qui fait que de mon vieux grand lit on a fait des dessus de chaises pour le billard. Ainsi il ne reste plus rien de moi ici. Je me trompe, un domestique, me voyant regarder tout cela comme un inconnu qui le verrait pour la première fois, m'a dit tout à coup : Victor Hugo a passé ici. Et il m'a montré, sur un livre d'inscriptions banales, un demi-vers de moi qu'un voyageur y a écrit avec mon nom au bas. On montre cela aux étrangers.

Je les ai laissés dans leur erreur. A quoi bon les détromper? Les vrais souvenirs que j'avais laissés ici ont disparu. Qu'importe qu'un faux les remplace. Mon nom n'en est pas moins prononcé tous les jours dans ce même lieu où je pensais à toi, il y a quatorze ans. Quelles fraiches rêveries alors sous cette tour démantelée! La ruine n'est pas plus ruine qu'elle n'était. Mais moi, de combien de côtés je suis déjà écroulé!

Pas cependant du côté de mon amour pour toi, mon pauvre ange. Cela est comme le cœur du mur, à mesure que le parement tombe. On ne l'en voit que mieux. Dénudé, mais indestructible.

Je laisse aller ma pensée au hasard. Dans une heure je partirai pour Mantes où je trouverai tes lettres, ce qui m'emplit de joie et d'impatience. Va, je t'aime, c'est bien vrai.

Je voudrais cependant te parler des Andelys où j'ai passé la nuit dernière, et du Château-Gaillard, immense faisceau de tours ruinées qui domine quatre méandres de la Seine. Je l'ai dessiné.

J'ai vu Rouen. Dis à Boulanger que j'ai vu Rouen. Il comprendra tout ce qu'il y a dans ce mot. J'y ai passé les journées du 13 et du 14. J'ai vu *tout*, la chambre des comptes, l'hôtel du Bourg-Théroulde, le Palais de Justice, le Gros-Horloge, Saint-Ouen, Saint-Maclou, les vitraux de Saint-Vincent, les fontaines, les vieilles maisons sculptées, et l'énorme cathédrale qui fait à tout moment au bout des rues de magnifiques apparitions. Je suis monté sur le clocher de la cathédrale et sur la tour de Saint-Ouen. La ville et le paysage, de là-haut, sont admirables.

J'oubliais de te dire que, sous les vieilles casemates du Château-Gaillard, j'ai trouvé mon nom écrit au crayon à côté du nom de Rossini.

On m'appelle pour déjeuner. Je te quitte. Dans deux heures je serai à Mantes, avec toi.

Pontoise, 17 août.

J'ai passé hier à Mantes. J'ai eu tes lettres. Merci, mon Adèle, de tout ce qu'elles contiennent de doux et de bon pour moi. Tu m'aimes, n'est-ce pas? Remercie bien de tous ses soins pour toi ton père que j'aime comme s'il était le mien. Il est plus que le *mien*, il est le tien. Remercie ma Didine de sa douce petite lettre. Remercie ce brave Châtillon. Embrasse tous nos chers petits.

J'attache un prix extrême à tous les détails que tu me donnes. Continue-les et adresse-moi désormais tes lettres poste restante à Villers-Cotterets. Je vais tâcher de voir Compiègne et Pierrefonds. Me voici déjà à Pontoise. Si pourtant je ne trouve pas de voitures pour Senlis, ce dont je suis menacé, je prendrai la voiture de Paris, et alors tu me reverrais tout de suite, et moi je ne me plaindrais pas. Tant pis pour Compiègne. Tu peux maintenant me voir arriver à tout moment.

Je suis heureux que tu te sois un peu amusée à Angers. Je n'ai le cœur plein que de pensées d'amour pour toi et pour nos petits bien-aimés.

Embrasse-les tous. Je n'ai que le temps de fermer ma lettre. La poste part. Mille bonnes amitiés à Martine.

TON VICTOR.

20 août, 1 heure de l'après-midi.

Je t'écris de l'auberge de Pierrefonds, mon Adèle, avec l'admirable ruine sous ma croisée. J'ai eu beaucoup de peine à venir jusqu'ici, les voitures manquant. Je vais gagner Villers-Cotterets, et, si l'impériale d'une diligence ne me fait pas défaut, je serai peut-être en même temps que cette lettre à Paris. Mon cœur y est depuis longtemps.

V.

1836

—

CHARTRES

La Louppe, 18 juin 1836.

Me voici installé à une table d'auberge à la Louppe, gros bourg à neuf heures de Chartres, et mon premier soin est de t'écrire, mon Adèle. Depuis notre départ, nous n'avons pas eu une minute, Nanteuil et moi, Nanteuil dessinant, moi explorant. Le premier jour nous avons déjeuné à Chevreuse et couché à Rambouillet.

Je t'ai déjà souvent parlé de Chevreuse, dont le château, quoique coiffé de toits absurdes par un meunier, est encore d'un assez grand aspect. Quant à Rambouillet, hormis le parc, ville et château sont parfaitement insipides. Il y a cependant encore au château une assez belle tour, sur laquelle viennent bêtement s'appuyer deux méchantes façades d'un pauvre goût moderne. La route depuis Bièvre est charmante. Le lendemain nous avons vu Maintenon avec son admirable petit châtelet du quinzième siècle et son immense aqueduc ruiné du dix-septième, et enfin Chartres qui nous est apparu de loin dans l'averse le plus pittoresque du monde.

Ici il faudrait des volumes et des millions de points d'exclamation. La cathédrale de Chartres est une merveille.

Nous avons passé trente-six heures dedans, dessus et dessous, arpentant la nef, descendant dans la crypte, grimpant dans les clochers, regardant avidement l'édifice dans tous les sens, et nous n'en savons rien, sinon qu'il faudrait six mois d'études pour avoir une idée un peu complète de ce qu'il contient. Moi, j'en suis encore à cette première impression que font les grandes choses et qui est tout éblouissement.

L'intérieur de l'église est d'un effet prodigieux; la nef est haute et sombre, les vitraux fourmillent de diamants, les bas-reliefs du pourtour du chœur avec leurs encadrements à jour forment une des plus admirables broussailles de pierre que l'art ait jamais fait fleurir au point de jonction du quinzième et du seizième siècles. Magnifique église! Autant de détails que dans une forêt, autant de tranquillité et de grandeur. Cet art-là est vraiment fils de la nature. Infini comme elle dans le grand et dans le petit. Microscopique et gigantesque.

O pauvres architectes de nos jours qui ont l'art de faire de si petits édifices avec de si grands amas de pierres, qu'ils viennent donc étudier ceci! qu'ils viennent apprendre, ces bâtisseurs de grandes murailles nues, comment le simple contient le multiple sans en être troublé, comment le petit détail agrandit le grand ensemble. Ce sont véritablement de malheureux artistes qui ont perdu le sens de leur art, et qui ôteraient les feuilles aux chênes comme les arabesques aux cathédrales.

L'intérieur de l'église n'est pas moins sublime. Les deux portails des extrémités du transept sont d'une beauté presque unique. Ils ont de certaines portes latérales à plafond qui, vues de côté, leur donnent je ne sais quel air de péristyles égyptiens. Les statues sont comme celles d'Amiens, de la plus sévère époque de l'art chrétien.

Quant aux deux clochers, ils forment entre eux la plus admirable et la plus harmonieuse opposition de grâce et de majesté qui se puisse imaginer. Le vieux, qui est le moins haut et presque roman, est d'une gravité sombre et austère, quoique orné. L'autre est un gigantesque bijou de quatre cents pieds de haut.

Les trois grandes rosaces, admirables au dehors comme forme, sont admirables au dedans comme couleur.

Quant au dégât causé par l'incendie, quoi qu'on en ait dit dans les journaux, il est immense. J'en parle après avoir vu. J'ai visité l'église avec le plus grand scrupule, parfaitement anonyme, comme je fais toujours pour n'être influencé par aucune politesse. Pour tout voir, j'ai eu à lutter, là comme partout, contre ce sonneur stupide et ce sacristain insolent que j'ai toujours retrouvés dans toutes les églises, maîtres absolus de l'édifice, le barricadant aux curieux, et s'y faisant dans des coins de petits amas de débris précieux qu'ils tiennent sous clef et qu'ils exploitent. A Chartres, c'est encore mieux, le sacristain donne des consignes aux soldats. Vous vous présentez pour entrer, la sentinelle vous crie : Halte-là ! avez-vous la permission ? — De qui ? — Du portier, dit le soldat.

Je dis que le dégât est immense dans toute la partie supérieure de l'église et, qui plus est, irréparable. Pour la *forêt*, cela va sans dire. Où sont les châtaigniers ? où sont les charpentiers ? La matière première et l'ouvrier manquent. On fera un comble en fer. Triste spécimen, qui, heureusement au moins, ne se verra pas du dehors comme ce déplorable clocher de Rouen.

Mais dans les flèches le ravage n'est pas moins irrémédiable. Ce n'est pas seulement la charpente qui est brûlée, ce sont les fenestrages de pierre si délicats et si charmants du grand clocher qui se sont dissous dans l'incendie. Il n'en reste plus que des moignons tout rongés qui font encore des saillies telles quelles sur les grosses nervures des ogives. Quant au vieux clocher, l'ornementation romane est trop massive et trop adhérente à la pierre pour qu'il soit défiguré ; mais je crains qu'il ne soit encore plus ébranlé que l'autre. *De tels coups sont trop forts pour un vieillard.* — Et ce vieillard-ci a sept cents ans.

C'est une dévastation étrange à l'intérieur des clochers. Çà et là, d'énormes tas de cendre dans les angles des chambres hautes, des monceaux de ferrailles monstrueuses tordues et rouillées par la flamme parmi lesquelles on distingue des battants de cloche et d'énormes copeaux de bronze. On s'appuie sur une barre de fer, elle tremble dans son alvéole comme une dent déchaussée ; on se fie à une voûte, elle est lézardée ; les escaliers à jour vacillent presque quand on y marche ; et puis de grosses pierres éclatées roulent sous vos pieds, et le granit des balustrades léchées pendant douze heures par la flamme s'en va en écailles sous vos doigts.

Maintenant à qui confiera-t-on cette difficile restauration ? M. Duban serait un très bon choix. Qu'on se garde surtout de la main maladroite et ignorante qui vient de manier si fatalement notre irréparable Saint-Denis. Il faut être un bien vaillant maçon pour s'attaquer à des édifices comme Chartres et Saint-Denis quand on est tout au plus capable de bâtir un pastiche bâtard comme la Bourse ou la Madeleine. Comment osez-vous remuer des pierres vénérables où s'est empreint un art que vous ne comprenez pas ? Comment osez-vous conclure de Vignole à André Colomban ?

Les ravages à l'intérieur de l'église sont énormes aussi ; ceux-là n'ont pas été causés par l'incendie, mais par les architectes restaurateurs. Un des dégâts les plus déplorables, c'est l'introduction dans le chœur d'un gros mauvais groupe rococo de Blidan, lequel, pour passer, a fait une trouée dans la haie d'arabesques gothiques qui hérisse ses mille aiguilles autour du maître-autel.

O braves chartrains, puisque vous restaurez, restaurez donc votre chœur. Chassez-moi Blidan, et son Assomption, et les grilles Louis XVI, et les bas-reliefs Louis XVI, et les stucs Louis XVI, et tout ce misérable goût du dix-huitième siècle agonisant qui déshonore votre sanctuaire. Juste châtiment ! le stupide évêque qui a ainsi défiguré le chœur de Chartres n'a pas eu le bonheur d'officier une seule fois au milieu de son absurde arrangement. Au moment où il venait de finir son œuvre, la Révolution est venue qui a balayé d'un souffle l'évêque et le chapitre. Que n'a-t-elle balayé aussi Blidan ? — J'oubliais qu'on fait admirer ce groupe aux curieux dans cette cathédrale. C'est comme si l'on vous faisait admirer un quatrain de Jean-Baptiste griffonné sur les marges de la Bible.

Puisque les chartrains restaurent leur cathédrale, et ils ne peuvent mieux faire, ils devraient bien empêcher je ne sais qui de démolir les vieux remparts qui complètent leur belle porte Guillaume.

Du reste, la cathédrale sans toit est d'un effet étrange et qui a sa beauté.

Les murs sont si chargés de colonnettes et de piliers en gerbes et de nervures que, de cette même porte Guillaume d'où on la voit dans toute sa magnificence, elle apparaît au-dessus de la ville comme un immense orgue de pierre.

Vue du haut du grand clocher, la croupe incendiée et mise à nu est superbe. On dirait le dos d'un monstre énorme. Ce qui paraît singulier d'abord, quoiqu'on se l'explique ensuite par la réflexion, c'est que le plomb dont est revêtu le promenoir de la haute galerie qui circulait autour du toit est resté parfaitement intact, quoique si voisin de l'embrasement que le plomb de la couverture en fusion a coulé dessus de toutes parts et y pend encore à l'heure qu'il est en mille stalactites qui brillent d'une façon charmante au soleil.

Du reste la ville de Chartres, prise du côté du vieux rempart, est très pittoresque et devrait être plus visitée des peintres qu'elle ne l'est.

La poste va partir, j'écris tout ceci à la hâte. Chère amie, donne ces détails à ceux de mes amis qui t'en demanderont. Nanteuil est encore avec moi. Le voyage l'a mis en appétit d'aller plus loin, et nous avons gardé notre cabriolet. Il te présente ses respects.

Moi, je vous embrasse tous, et toi avant tous. Je ne sens jamais plus combien je t'aime qu'absent de toi. Embrasse mille fois nos bien-aimés petits. Je te le rendrai. Écris-moi poste restante à Cherbourg.

Ton VICTOR.

Lis tout ceci à ton père que j'aime et à qui je serre la main. Je pense que cette lettre l'intéressera. Il s'occupe de tout cela comme moi et mieux que moi.

Alençon. 9 juin.

C'est sur le coin d'une affreuse nappe d'auberge, que je t'écris, mon Adèle. Nous avons quitté notre cabriolet à Nogent-le-Rotrou, et pris la voiture publique jusqu'à Domfront où je pense que Nanteuil me quittera. Nous sommes à Alençon, nous avons un quart d'heure pour manger un morceau et j'en profite pour t'écrire.

Nous avons dit avant hier adieu à Chartres où il y a encore une belle église à beaux vitraux dont je ne t'ai pas parlé, offusqué que j'étais de la cathédrale. Nous avons quitté la Beauce dont les plaines au crépuscule ont de magnifiques horizons qu'on devrait bien admirer un peu.

Voici maintenant que nous voyons venir la Normandie et que nous la reconnaissons aux tignasses vertes des pommiers qui nous entourent de toutes parts. Il pleut, il vente, il fait un temps affreux. Le soleil pour nous narguer nous regarde de temps en temps par la lucarne d'un nuage.

Nous avons vu et visité à Nogent-le-Rotrou ce château qu'on voulait me vendre il y a six à sept ans. Nanteuil en fait pour toi un croquis de souvenir pendant que je t'écris. L'extérieur du château est encore très beau et domine superbement un immense horizon de plaines ondulantes. L'intérieur n'est que délabrement.

C'est aujourd'hui dimanche, mon Adèle. Je songe tristement qu'il y a huit jours j'étais bien heureux près de toi. Nous avions fait ensemble cette douce cavalcade dans la forêt de Saint-Germain. Nous étions l'un près de l'autre, heureux l'un par l'autre comme dans nos plus riantes années. Je tenais ton cheval par la bride et je marchais l'œil sur nos chers petits. Mon Adèle, j'aime mieux mon dimanche d'il y a huit jours que mon dimanche d'aujourd'hui.

Dans trois semaines je vous reverrai, je vous embrasserai tous. En attendant, donne mille baisers à Didine, à Dédé, à Toto, qui va bien, j'espère, à mon pauvre Charlot doublement exilé. Je serre la main à ton père et je t'embrasse bien fort, mon Adèle.

V.

FOUGÈRES

Fougères. 22 juin.

Voilà trois jours que je ne t'ai écrit, mon Adèle, et j'éprouve le besoin de m'entretenir avec toi et de me reposer dans ta pensée.

Nanteuil m'a quitté; il est possible qu'il me rejoigne à Cherbourg. Depuis Alençon, j'ai vu Lassay, charmante petite ville demi-sauvage, plantée tout au beau milieu des chemins de traverse, qui a trois vieux châteaux, dont deux admirables que j'ai dessinés. Le troisième n'a plus que quelques ruines situées au milieu des arbres les plus beaux et les plus farouches du monde.

Après Lassay, Mayenne. On ne connaît vraiment pas cette pauvre Bretagne. Elle vaut mieux que la Suisse, aux Alpes près. Mayenne est une riante et pittoresque ville, posée en travers sur la rivière, avec un beau château, une haute église incrustée de pierres romaines qui ont deux mille ans, des maisons du quinzième siècle zébrées de bois et de plâtre, et un vieux pont à arches ogives. L'ensemble de tout cela forme un bloc ravissant.

De Mayenne, j'ai été à Jublaire, où il y a un camp de César que j'ai parcouru guidé par la plus jolie fille du monde qui m'offrait des roses fraîches et de vieilles briques, tout en sautant lestement par-dessus les clôtures, sans trop s'inquiéter de ses jupons. Et puis elle m'a montré un temple romain et beaucoup de choses romaines, et beaucoup de sa personne. En la quittant je lui ai donné un écu, elle m'a demandé un baiser. Pardon, je te raconte la chose comme elle est. Et puis je te rapporte un morceau de marbre du camp de César pour te prouver ma bonne fortune. Je suis un grand fat.

Ce matin, j'ai déjeuné à Ernée. Ernée est une affreuse petite ville bête et plate où il y a une vieillarde hideuse qui tient une horrible auberge. Je n'y ai eu d'autre plaisir que de chasser devant moi un troupeau de commères-oies qui s'en sont allées en faisant cent caquets absurdes sur mon compte.

J'ai vu aussi à Ernée de charmants petits enfants qui ramassaient du crottin de cheval sur la grande route. Je t'assure qu'ils y mettaient toute la grâce imaginable. Cela fera un jour d'affreux paysans.

Je suis à cette heure dans le pays des fougères, dans une ville qui devrait être pieusement visitée par les peintres, dans une ville qui a un vieux château flanqué de vieilles tours les plus superbes du monde, avec des moulins à eau, des ruisseaux vifs, des rochers, des jardins pleins de roses, des rues à pignons qui montent à pic, des églises hautes et basses, de vieux buffets de bois luisant dans les boutiques, toutes sortes de vieilles architectures rongées de lierre. J'ai vu tout cela au soleil, je l'ai vu au crépuscule, je l'ai revu au clair de la lune, et je ne m'en lasse pas. C'est admirable.

Il y a çà et là quelques maisons du temps de Louis XV, mais elles ont peu de succès. Le goût pompadour n'a rien à faire avec ses chicorées dans ce pays-ci. Le rococo est malheureux avec le granit.

Du reste l'architecture est en général barbare. La pierre bretonne ne s'est prêtée aux coquetteries d'aucune époque. Pas plus à celles de la Renaissance qu'à celles de Louis XV. Mais certaines églises ont de l'austérité et de la grandeur.

Le temps est redevenu beau, les routes sont charmantes. Tout est verdure, buissons, grands arbres, chaumes fleuris, avec des fumées mêlées aux senteurs des églantiers. Çà et là un champ de ciguë qui exhale une odeur de bête fauve, un mur en ruines où poussent de grands bouillons blancs, des geais qui montrent leurs plumes bleues, des pies qui me font penser au cheval de Turenne; et puis tout cet encadrement de la route magnifiquement doré par les genêts en fleurs.

Demain, j'irai à Antrain, je visiterai le fameux champ de bataille de l'armée vendéenne; j'y penserai à toi, mon Adèle bien-aimée, pendant que cette lettre courra vers Fourqueux et ira vous porter mes baisers, à toi, à vous tous qui êtes ma joie et ma vie.

Mille amitiés à Martine. Embrasse pour moi ton bon père; moi, je t'embrasse mille fois. Un jour je voyagerai avec toi et je serai tout à fait heureux.

SAINT-MALO

Saint-Malo. 25 juin.

Voici deux jours, chère amie, que je ne cesse de penser à toi. Il faudra absolument que nous voyons la mer ensemble et avec tous nos chers petits. Je voudrais voir Toto et Dédé, et même vous, mademoiselle Didine qui allez faire votre première communion, je voudrais les voir à même dans cet écrin des coquillages de l'océan que je foulais hier aux pieds entre Dol et Saint-Malo; car, n'ayant pas trouvé de place dans leur hideux tape-cul, je faisais philosophiquement mes six lieues à pied.

Arrivé à Saint-Malo, j'étais pénétré de poussière, j'ai couru à l'océan, et je me suis baigné dans les rochers qui entourent le fort de Saint-Malo et qui font à la marée basse mille baignoires de granit. J'ai été assez avant dans la mer, courant de roche en roche malgré la lame qui m'a jeté une dizaine de fois à la renverse sur de diaboliques rochers fort pointus. N'importe, c'est une admirable chose chaque fois qu'elle vous enveloppe et vous secoue dans son écume.

Comme j'ai fait une douzaine de lieues à pied au soleil depuis quatre jours, bout par bout, j'ai le visage tout pelé, je suis rouge et horrible.

Du reste, j'avais besoin d'eau. Depuis que je suis en Bretagne je suis dans l'ordure. Pour se laver de la Bretagne il faut bien l'Océan. Cette grande cuvette n'est qu'à la mesure de cette grande saleté.

Voici la chambre où je suis censé avoir dormi à Pontorson : un galetas plafonné en poutres et planchéié en terre (dans le pays il disent planchiée, ce qui est plus expressif); d'énormes araignées au plafond, de très petites puces par terre. Deux chaises veuves de leur paille. Un matelas qui sent le doux. Vis-à-vis la fenêtre une vieille enseigne où on lit en vieilles lettres presque effacées : *Un tel, tailleur arrivant de Paris.* On vous sert à dîner. Les assiettes bretonnes sont comme des formations. Il faudrait pénétrer plusieurs couches de je ne sais quoi avant d'arriver à la faïence. Si les puces marchaient, elles y laisseraient très certainement l'empreinte de leurs petits pieds. Comme Pontorson touche à la mer, on n'a pas de poisson, on vous sert un gigot à demi rongé. Le tout se passe à la lueur d'une maigre chandelle dans un gros flambeau rococo de cuivre vert-de-grisé, laquelle chandelle se penche mélancoliquement et verse des larmes de suif dans les assiettes. Et puis on se couche, et le lendemain matin on paie cinq francs, non pour avoir mangé, mais pour avoir été mangé.

On arrive à cette chambre et à ce dîner par onze héroïques marches de treize pouces de haut et trois pouces de large.

Tu communiqueras cette description d'un logis breton à ton père. Il est vrai qu'il dira que Pontorson est en Normandie. Il est vrai, la carte dit : *En Normandie*, mais la saleté dit : *En Bretagne.*

Du reste, dans ce pays-ci, les cochons mangent de l'herbe. Il n'y a qu'eux qui soient propres en Bretagne.

La clôture des champs se fait au moyen d'une espèce de barrière formée d'un tronc d'arbre où sont piqués çà et là des morceaux de bois, laquelle barrière ressemble à un peigne. Cela devrait bien donner aux bretons l'idée de s'en servir (de peignes).

Dol, où j'ai déjeuné hier, a une belle vieille rue presque romane, avec des piliers à chapiteaux sous les maisons. La cathédrale, qui a un beau vitrail à l'abside, n'est qu'un grand délabrement.

Sans les vieilles tours du port et sans la mer, Saint-Malo offrirait peu d'intérêt. J'ai pris dans une anfractuosité hier un animal hideusement beau que les gens du pays appellent *crapaud de mer.*

Je compte aller aujourd'hui à Dinan. Je ne sais trop si le temps me permettra d'aller jusqu'à Cherbourg, mais écris-moi toujours là. Je m'arrangerai de manière à ce que tes lettres viennent me retrouver si je passe par Caen. Je viens d'écrire à Boulanger. Je compte écrire demain à Mlle Louise. Dis aux enfants de lui écrire. Tu sais que cela lui fait plaisir, et elle est si bonne pour eux.

J'espère, mon Adèle, que tu continues à te plaire à Fourqueux. Je veux que tu t'y amuses le plus possible, et je finis en t'embrassant bien tendrement, ainsi que nos bons petits. Ne m'oublie pas auprès de ton père, et de nos bons amis Châtillon, Boulanger, Robelin, Gautier, etc.

A LOUIS BOULANGER

Saint-Malo.

J'ai revu aujourd'hui la mer, mon cher Louis; une pente me ramène là tous les ans. Elle m'est apparue à l'extrême horizon faisant sur les collines une ligne mince et verte comme la cassure d'un carreau de vitre. C'était entre Dol et Saint-Malo. Maintenant, je suis à Saint-Malo; j'ai couru en arrivant me jeter à la mer; je m'y suis baigné, et je reviens vite vous écrire tout trempé de la salive du vieil océan.

Il faudra absolument que j'aille un jour vous arracher à votre belle et puissante œuvre, et que nous nous en venions tous deux voir toutes les grandes choses que je vois tout seul et que je verrais doubles avec vous. Vous savez comme nous étions heureux autrefois dans nos promenades du soir à travers la plaine de Montrouge! que serait-ce avec cette plaine de flots sous les yeux?

Une ville qu'il faut aussi que vous voyiez, et que vous voyiez avec moi, c'est Fougères. Pardon de cette brusque transition; mais je ne veux plus vous parler de la mer, je radoterais, et cette lettre aurait cent pages. Eh bien donc, je viens de Fougères comme La Fontaine revenait de Baruch, et je demanderais volontiers à chacun : Avez-vous vu Fougères?

Toute cette Bretagne, au reste, vaut la peine d'être vue. Quelquefois dans une petite bourgade, comme Lassay, par exemple, vous trouvez tout à coup trois admirables châteaux dans le même tas. Pauvre Bretagne! qui a tout gardé, ses monuments et ses habitants, sa poésie et sa saleté, sa vieille couleur et sa vieille crasse par-dessus. Lavez les édifices, ils sont superbes; quant aux bretons, je vous défie de les laver. Souvent, dans un de ces beaux paysages de bruyères, sous des ormes qui se renversent lascivement, sous de grands chênes qui portent leurs immenses feuillages à bras tendu, dans un champ de genêts en fleur du milieu duquel s'envole à votre passage un énorme corbeau verni qui reluit au soleil, vous avisez une charmante chaumière qui fume gaîment à travers le lierre et les rosiers; vous admirez, vous entrez. Hélas! mon pauvre Louis, cette chaumière dorée est un affreux bouge breton où les cochons couchent pêle-mêle avec les bretons. Il faut avouer que les cochons sont bien sales.

Je reviens à Fougères. Je veux absolument que vous voyiez Fougères. Figurez-vous une cuiller; grâce encore pour ce commencement absurde. La cuiller, c'est le château; le manche, c'est la ville. Sur le château rongé de verdure, mettez sept tours, toutes diverses de forme, de hauteur et d'époque; sur le manche de ma cuiller entassez une complication inextricable de tours, de tourelles, de vieux murs féodaux chargés de vieilles chaumières, de pignons dentelés, de toits aigus, de croisées de pierre, de balcons à jour, de màchicoulis, de jardins en terrasses; attachez ce château à cette ville et posez le tout en pente et de travers dans une des plus vertes et des plus profondes vallées qu'il y ait. Coupez le tout avec les eaux vives et étroites du Couasnon sur lequel jappent nuit et jour quatre ou cinq moulins à eau. Faites fumer les toits, chanter les filles, crier les enfants, éclater les enclumes; vous avez Fougères; qu'en dites-vous?

C'est comme cela que vous la verrez quelque jour avec moi du haut de la plate-forme de l'église; et puis vous la peindrez, mon Louis, et la copie sera plus belle que l'original.

Eh bien! il y a dix villes comme cela en Bretagne, Vitré, Sainte-Suzanne, Mayenne, Dinan, Lamballe, etc.; et quand vous dites aux stupides bourgeois, qui sont les punaises de ces magnifiques logis, quand vous leur dites que leur ville est belle, charmante, admirable, ils ouvrent d'énormes yeux bêtes et vous prennent pour un fou. Le fait est que les bretons ne comprennent rien à la Bretagne. Quelle perle et quels pourceaux!

J'ai voulu vous écrire parce que je vous aime, mon Louis, parce que vous êtes une des belles et généreuses rencontres de ma vie, et que j'espère bien que cette rencontre durera jusqu'au bout de notre chemin à tous les deux. De temps en temps je quitte Paris, mais je ne quitte ni ma famille ni mes amis. Mon cœur est toujours avec vous, vous le savez bien, Louis, n'est-ce pas? Mais, dans l'œuvre que j'accomplis et dont vous verrez prochainement, j'espère, quelque nouvel échantillon, je sens parfois le besoin de laisser là Paris et sa criaillerie, plus éternelle que le beau mugissement de mon océan; car je suis souvent las de votre ville et de voir tout ce qu'il peut écumer de sottise humaine sur la proue d'une idée.

Je vous aime du fond du cœur et je vous serre la main.

VICTOR H.

LE MONT-SAINT-MICHEL

Coutances, 28 juin.

Comme tu vois, mon Adèle, cette lettre est datée de Coutances, l'ancien fief de Martine que j'embrasse de tout mon cœur (non pas le fief, bien entendu). J'ai déjà fait un tour dans la ville, quoiqu'il soit onze heures du soir, et j'ai déjà vu les beaux clochers de la cathédrale assaisonnés d'un magnifique clair de lune. Du reste, c'est la première belle cathédrale que je vois depuis Chartres. Celle de Dol compte à peine, celle d'Avranches est détruite.

Je viens de rentrer assez fatigué, mais je veux t'écrire, ma pauvre bien-aimée, avant de m'endormir. Cela mettra de bons rêves dans mon sommeil. — On m'apporte un bouillon qui interrompt ma lettre. Je note en passant que ledit bouillon est bon, ce qui est rare pour du bouillon d'auberge. Il faut le boire pour le croire.

Voici ma plus récente aventure. De Saint-Malo, d'où était ma dernière lettre, je suis allé à Châteauneuf. Il y avait, dans ce qu'ils avaient la bonté d'appeler le coupé de la patache, trois humains, un sous-lieutenant en garnison de campement à Châteauneuf, une jeune fille d'une mise bizarrement simple et grave, et puis moi. En sortant de la ville, je dis à la demoiselle : Mademoiselle, désirez-vous que je lève cette glace? Elle me répond, avec une voix très douce et un léger accent allemand ou anglais : *Comme tu voudras*. De quoi le sous-lieutenant demeura grandement ébahi et scandalisé. C'était une façon de quakeresse qui s'en allait faire son éducation à Sainte-Suzanne. Elle a continué la route avec nous, tutoyant avec modestie l'officier qui avait fini par s'apprivoiser, et moi qui vois tout d'un œil philosophique. Elle a dîné une fois à table d'hôte avec nous; mais, à l'embranchement de la route de Vitré, elle a rencontré une autre patache, poivrée de poussière, qui l'a emportée en boitant.

Moi, je ne suis pas allé à Vitré. De Dinan, je suis revenu à Pontorson. Dinan est une belle vieille ville agglutinée et maçonnée en surplomb sur un précipice comme un nid d'hirondelles. Il y reste encore de belles églises, une superbe vieille tour que j'ai dessinée, et çà et là quelques maisons sculptées, un magnifique porche roman veuf de son église, quelques façades où l'art de la Renaissance s'est assez bien tiré du granit. Je suis allé à la mairie chercher M. de Saint-Léon. Il n'était pas encore de retour de la chambre, ce qui m'a contrarié.

J'étais hier au Mont-Saint-Michel. Ici, il faudrait entasser les superlatifs d'admiration, comme les hommes ont entassé les édifices sur les rochers et comme la nature a entassé les rochers sur les édifices. Mais j'aime mieux commencer platement par te dire, mon Adèle, que j'y ai fait un affreux déjeuner. Une vieille aubergiste bistre appelée Mme Laloi a trouvé moyen de me faire manger du poisson pourri au milieu de la mer. Et puis, comme on est sur la lisière de la Bretagne et de la Normandie, la malpropreté y est horrible, composée qu'elle est de la crasse normande et de la saleté bretonne qui se superposent à ce précieux point d'intersection. Croisement des races ou des crasses, comme tu voudras.

J'ai visité en détail et avec soin le château, l'église, l'abbaye, les cloîtres. C'est une dévastation turque. Figure-toi une prison, ce je ne sais quoi de difforme et de fétide qu'on appelle une prison, installé dans cette magnifique enveloppe du prêtre et du chevalier au quatorzième siècle. Un crapaud dans un reliquaire. Quand donc comprendra-t-on en France la sainteté des monuments?

A l'extérieur, le Mont-Saint-Michel apparaît, de huit lieues en terre et de quinze en mer, comme une chose sublime, une pyramide merveilleuse assise sur un rocher énorme façonné et sculpté par le moyen âge, et ce bloc monstrueux a pour base, tantôt un désert de sable comme Chéops, tantôt la mer comme Ténériffe. — A l'intérieur, le Mont-Saint-Michel est misérable.

Un gendarme est à la porte, assis sur le gros canon rouillé pris aux anglais par les mémorables défenseurs du château. Il y avait un second canon de même origine. On l'a laissé bêtement s'enliser dans les fanges de la poterne. On monte. C'est un village immonde où l'on ne rencontre que des paysans sournois, des soldats ennuyés et un aumônier tel quel. Dans le château, tout est bruit de verrous, bruit de métiers, des ombres qui gardent des ombres qui travaillent (pour gagner vingt-cinq sous par semaine), des spectres en guenilles qui se meuvent dans des pénombres blafardes. Sous les vieux arceaux des moines, l'admirable salle des chevaliers devenue atelier où l'on regarde par une lucarne s'agiter des hommes hideux et gris qui ont l'air d'araignées énormes. La nef romane changée en réfectoire infect; le charmant cloître à ogives si délicates transformé en promenoir sordide; partout l'art du quinzième siècle insulté par l'eustache sauvage du voleur, partout la double dégradation de l'homme et du monument combinés ensemble et se multipliant l'une par l'autre. Voilà le Mont-Saint-Michel maintenant.

Pour couronner le tout, au faîte de la pyramide, à la place où resplendissait la statue colossale dorée de l'archange, on voit se tourmenter quatre bâtons noirs. C'est le télégraphe. Là où s'est posée une pensée du ciel, le misérable tortillement des affaires de ce monde. C'est triste.

Je suis monté sur ce télégraphe qui s'agitait fort en ce moment. Le bruit courait dans l'île qu'il annonçait au loin des choses sinistres. On ne savait quoi. (Je l'ai su à Avranches. C'était le nouveau meurtre essayé sur le roi.) Arrivé sur la plate-forme, l'homme d'en bas qui tirait les ficelles m'a crié de ne pas me laisser toucher par les antennes de la machine, que le moindre contact me jetterait infailliblement dans la mer. La chute serait rude, plus de cinq cents pieds. C'est un fâcheux voisin qu'un télégraphe sur cette plate-forme qui est fort étroite; on n'a pour garde-fou qu'une barre de fer à hauteur d'appui, de deux côtés seulement, pour ne pas gêner le mouvement de la machine. Il faisait grand vent. J'ai jeté mon chapeau dans la cabine de l'homme. Je me suis cramponné à l'échelle et j'ai oublié les contorsions du télégraphe au-dessus de ma tête en regardant l'admirable horizon qui entoure le Mont-Saint-Michel de sa circonférence où la mer se soude à la verdure et la verdure aux grèves.

La mer montait en ce moment-là. Au-dessous de moi, à travers les barreaux d'un de ces cachots qu'ils appellent *les loges*, je voyais pendre les jambes d'un prisonnier qui, tourné vers la Bretagne, chantait mélancoliquement une chanson bretonne que le vent emportait en Normandie. Et puis il y avait aussi au-dessous de moi un autre chanteur qui était libre, celui-là. C'était un oiseau. Moi, immobile au-dessus, je me demandais ce que les barreaux de l'un devaient dire aux ailes de l'autre. Tout ceci était coupé par le cri aigre des poulies du télégraphe transmettant la dépêche de M. le ministre de l'intérieur à MM. les préfets et sous-préfets.

Il n'y a plus de prisonniers politiques maintenant au Mont-Saint-Michel. Quand n'y aura-t-il plus de prisonniers du tout?

Chère amie, je m'aperçois que je n'ai plus ni papier, ni chandelle. Il faut que je termine ici cette lettre. J'avais pourtant encore mille choses à te conter. Ce sera pour la prochaine fois. Aujourd'hui il me reste à peine l'espace de te dire d'embrasser mes quatre bijoux comme je t'embrasse toi-même, du fond de l'âme, et de serrer la main pour moi à ton père, à Martine et à Boulanger, si tu le vois. Et à tous nos autres amis.

Saint-Jean-de-Day, 30 juin.

Il fait une chaleur extrême, et je pense à Fourqueux, où il fait peut-être aussi chaud qu'à Saint-Jean-de-Day. Pauvre amie, je te souhaite tous les bons courants d'air frais qui me manquent ici. Je souffre pour toi de cette chaleur que je reporte là-bas.

Je viens de suivre, du reste, une route charmante. J'ai quitté hier les admirables clochers de Coutances qui tremblent au vent de mer (ceci sans la moindre exagération). La route est belle et ombragée à tous moments de délicieuses petites chaumières pleines de fleurs.

C'est une rencontre bien jolie et bien gracieuse qu'une chaumière au bord du chemin. De ces quelques bottes de paille dont les paysans croient faire un toit, la nature fait un jardin. A peine le vilain a-t-il fini son œuvre triviale que le printemps s'en empare, souffle dessus, y mêle mille graines qu'il a dans son haleine, et en moins d'un mois le toit végète, vit et fleurit. S'il est de paille, comme dans l'intérieur des terres, ce sont de belles végétations jaunes, vertes, rouges, admirablement mêlées pour l'œil. Si c'est au bord de la mer et si le chaume est fait d'ajoncs, comme auprès de Saint-Malo, par exemple, ce sont de magnifiques mousses roses, robustes comme des goëmons, qui caparaçonnent la cabane. Si bien qu'il faut vraiment très peu de temps et un rayon de soleil ou un souffle d'air pour que le misérable gueux ait sur sa tête des jardins suspendus comme Sémiramis. Depuis que j'ai quitté Paris, je ne vois que cela. A chaque hoquet du printemps une chaumière fleurit.

A Avranches, que j'ai visitée en quittant le Mont-Saint-Michel, il y a une magnifique vue, mais il n'y a que cela. Autrefois il y avait trois clochers, maintenant il y a trois télégraphes qui se content réciproquement leurs commérages. Or les bavardages d'un télégraphe sont d'un médiocre effet dans le paysage. Où es-tu, *savant Huet*, évêque d'Avranches, si souvent cité par Voltaire?

J'ai fait une promenade en mer à Granville, il faut que je te la conte.

Arrivé au bout de la jetée, je saute dans un canot et me voilà voguant. Je passe la jetée, nous sommes en pleine mer, et c'est alors, au balancement des grosses vagues, que je songe à examiner mon équipage. Deux gamins de douze ans, deux avirons retenus par des ficelles, aucun mât, une coquille de noisette, c'était là mon embarcation. Le temps était beau, le ciel bleu gris, le soleil chaud de plomb, mais la marée descendait et nous entraînait à la haute mer. Mes petits drôles étaient hardis et parlaient déjà d'aborder le lendemain matin à Jersey. Quatre chiens de mer, à demi salés, qui me servaient de tabourets de pied, formaient toute la provision. Te figures-tu la chose? Pratiquer l'océan, la nuit, pendant dix-huit lieues, avec deux enfants, deux allumettes et deux ficelles. Un souffle de vent nous a rejetés dans le port.

D'ailleurs c'est la troisième excursion que je fais en mer, et je supporte bien ce tremblement puissant et compliqué de la vague qui se décompose en mille vagues sous vous.

Sorti de là, j'ai déjeuné. Pendant que je déjeunais, un grand bruit, un flot de peuple emplit tout à coup la rue, une rue longue et étroite qui monte à l'église, bordée de boutiques basses où il y a des grisettes parisiennes. Je regarde et je vois passer, au milieu des huées et des index braqués de la foule, deux espèces de spectres, couverts, pieds et visages, d'une façon de mante en serge noire, qui marchaient à grands pas au grand soleil. Ces spectres étaient conduits par un gendarme; c'étaient une mère et sa fille qui, disait-on, avaient assassiné l'une son mari, l'autre son père. L'assassinat s'était fait à coup de balai, pendant que l'homme était soûl. On les menait en prison. Cette rue pleine de femmes qui riaient, ce soleil éclatant, ce gendarme, ces deux fantômes d'un noir sale marchant à grands pas, cette rumeur courant sur eux, je t'assure que tout cet ensemble avait une figure sinistre.

En sortant de Granville, le soleil baissait, la brise de mer pénétrait d'un souffle frais les pommiers de la route. La route était belle et riante encore, quoiqu'elle n'eût plus cette riche bordure de tamarins en fleur qui embaument autour du Mont-Saint-Michel. A un quart de lieue de la ville, pendant que je regardais l'ombre des chasse-marées sur les flots de l'océan, j'ai vu tout à coup passer un grand épervier qui chassait aux alouettes. J'y aurais fait peu d'attention si, un peu plus loin, je n'avais vu un charmant petit bouvreuil, tout jeune et gros comme le poing, qui se donnait des airs d'épervier avec les mouches. Tout s'enchaîne et se ressemble ainsi.

Le soir j'étais à Coutances.

Je suis indigné des dévastations que je rencontre à chaque pas. A Alençon, — dis cela à Léon Masson, — c'est une belle et grave statue de marbre blanc vêtue comme Marie de Médicis qui se casse le nez au mur le plus noir de l'église sous un tas de chaises. A Mayenne, c'est une vilaine prison blanche bêtement bâtie au beau milieu du vieux château. A Pontorson, c'est un admirable dessus d'autel de la Renaissance sur lequel le curé a plaqué le plus stupide des confessionnaux. On marche aussi à plein pied sur un bas-relief du seizième siècle qui représente la Pentecôte et où il y a encore de vieilles peintures. A Dol, un tombeau de la Renaissance s'en va en poussière. A Avranches, il restait un pilier de la cathédrale démolie, on l'a jeté bas. A Coutances, toute la cathédrale crie au scandale. On a déformé une ogive du quatorzième siècle pour y encadrer un absurde autel à soleil d'or qui coûte quatre mille francs. Il y a deux gros murs de plâtre tout à travers le transept. L'architecte du département, un nommé Duchêne ou Deschênes, avait commencé à badigeonner la nef en jaune vif, avec voûtes blanches et nervures rouges. Le cri public l'a arrêté au quart de sa bêtise. Je me suis informé, le badigeonnage d'une cathédrale comme Coutances coûte de vingt à vingt-cinq mille francs. A Saint-Lô, on laisse tomber, faute de réparation, l'admirable église qui a deux clochers aussi beaux que la grande flèche de Saint-Denis. J'ai demandé pourquoi. Un prêtre qui se trouvait là m'a répondu qu'on n'avait pas de fonds. J'ai objecté que les chambres confiaient au gouvernement des fonds pour l'entretien des monuments publics. On m'a répondu que l'église de Saint-Lô n'était pas de celles qui sont regardées par le gouvernement comme des monuments. O ineptie! et l'on expectore les millions le plus aisément du monde pour la Madeleine et le quai d'Orsay!

A cette église de Saint-Lô, il y a un détail unique, je ne l'ai encore vu que là; c'est une chaire extérieure avec porte dans l'église, d'où le prêtre haranguait le peuple, le tout sculpté comme on sculptait au quinzième siècle. Le dernier maire de la ville voulait l'abattre pour un alignement de rue. La fabrique s'y est opposée. — Les vitraux de l'église sont dans un état affreux. Les restaurations qu'on a essayées çà et là sont hideuses.

N'importe, je suis heureux d'être rentré un instant dans les églises et les cathédrales. Coutances et Saint-Lô m'ont remis les yeux. Il n'y a pas de monuments dans les ports de mer. Les villes de mer sont comme les capitales, elles usent vite leurs édifices. Il y a un trop grand frottement de population pour que la ville ne se renouvelle pas fréquemment.

Je n'en verrai pas moins Cherbourg avec bien de la joie, non seulement parce que j'y retrouverai la mer, mais parce que tes lettres m'y attendent, mon Adèle. J'en ai besoin. Il y a quinze jours, quinze jours que je suis privé de toi, de ton doux sourire indulgent, de la gaieté de mes chers petits bien-aimés. J'ai soif de vous revoir tous! En attendant, j'aurai tes lettres. Je les aurai bientôt. Toute ma joie est maintenant dans cette pensée. Adieu, mon Adèle, à bientôt. — Amuse-toi bien.

Au moment où je ferme cette lettre, un monsieur de la diligence demande pour dîner un potage et des fraises. Voilà ce qui s'appelle laisser le dîner entre deux parenthèses.

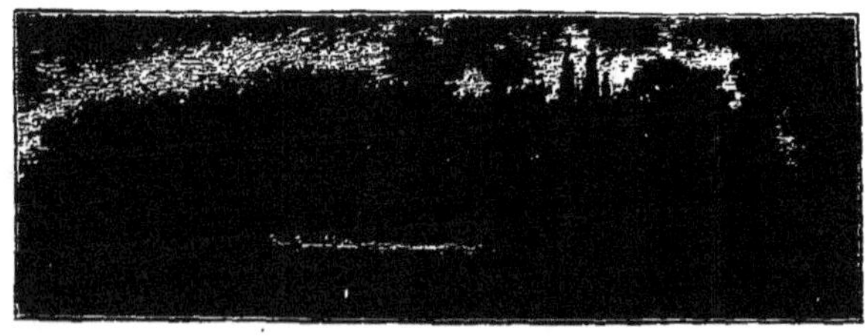

Barneville, 1er juillet, vendredi.

Tu ne te plaindras pas, j'espère, de la rareté de mes lettres. C'est que j'ai besoin de ta pensée, mon Adèle, quand je n'ai pas ta présence. J'espère que tu es toujours heureuse là-bas, que tu ne laisses pas l'ennui t'approcher, que tu as de temps en temps quelqu'un de nos bons amis. Moi, je pars heureux, demain je serai à Cherbourg, j'aurai tes lettres.

J'ai vu hier deux beaux clochers gothiques anglais, celui de Carentan et celui de Périers. Dans l'église de Carentan, il y a un chapiteau curieux formé de goëmons entrelacés. Les artistes de ce temps grand et naïf n'allaient chercher ni l'acanthe, ni le lotus. Ils prenaient pour modèle ce qu'*ils* avaient sous la main, le chou et le chardon dans l'intérieur des terres, le goëmon au bord de la mer.

Toutes les églises de cette partie de la Normandie, Saint-Lô, Carentan, Périers (la progression est décroissante) dérivent de celle de Coutances. Les admirables flèches de Coutances, sévères comme le gros clocher de Chartres, légères comme l'aiguille de Saint-Denis, semblent avoir repoussé de bouture çà et là, avec quelques variantes, sur divers points de ce pays.

Je ne m'en plains pas. Quand une de ces flèches taillées à jour et d'une charmante couleur blonde, surgit tout à coup derrière une colline, c'est une magnifique aventure dans le paysage.

Je n'ai rien vu de curieux du reste, si ce n'est une grande femme sèche et maigre qui a partagé avec le conducteur et moi l'impériale de Saint-Lô à Carentan, fort prude, fort laide et fort bel esprit, un bas-bleu vêtu de blanc, avec des cheveux rouges, une sorte d'anglaise tricolore. Je dis anglaise, parce qu'elle avait l'accent, et aussi parce que l'Angleterre est la terre la plus féconde en ce genre de tulipes. Je me suis figuré que c'était madame Trollope, et j'ai eu tout à coup un fou rire qui a paru la fort scandaliser.

En entrant à Carentan, j'ai eu une impression pénible. Une malheureuse fille crétine, sans front et sans menton, grande et bavant sur ses mains, était assise au seuil d'une maison, et nous regardait passer d'un air triste. On dit que cela ne sent rien, mais je suis sûr que quelque chose souffrait en elle. Pauvre âme prise !

Mais une chose plus triste encore, c'est tout à l'heure, à Port-Bail.

Je faisais la route à pied, faute de voiture. D'affreux chemins de traverse, la honte de cette riche Normandie, des blocs de roche pour pavé, des ornières à faire toucher l'essieu, et, dans d'autres endroits, des landes à pleines jambes ou du sable jusqu'aux genoux. J'avais doublé le pas vers six heures. Un charretier qui s'en revenait chargé de tangue m'avait averti qu'à sept heures la mer serait sur la route. C'était un beau spectacle. Quand j'arrivai près de la mer, j'étais sur une colline. J'avais devant moi une immense plaine jadis façonnée par les flots et couverte de grosses vagues de terre, l'océan l'avait faite à son image. Sur toute cette plaine verdoyait un gazon fin et rare, brouté par quelques moutons maigres. Au fond était la mer qui venait ridée à très petits plis, rapide et envahissant le sol par larges nappes. A ma droite s'étendait une perte de vue de collines et de bruyères. A ma gauche, sur une hauteur coupée brusquement à la mer, le clocher crénelé de Port-Bail s'estompait dans une vapeur grise. Un gros nuage durement appuyé sur le soleil couchant, en faisait jaillir des rayons de toutes parts comme l'eau autour d'une éponge. La route était libre encore. En bas, dans le ravin, un cavalier, à cheval sur un sac plein qui lui écartait les jambes, se hâtait pour arriver au village avant la mer. J'en fis autant. Au moment où j'entrais dans le bourg, le flot me mouillait les talons.

Comme j'entrais, un groupe de paysannes faisait grand bruit dans un angle de murs. Il y avait là une misérable petite créature borgne, rachitique et déguenillée qui pleurait douloureusement. Les femmes paraissaient la haranguer. Voici ce que c'était. Cette pauvre fille est épileptique depuis sa naissance, paralysée de la moitié du corps depuis dix ans, borgne depuis dix mois ; et la misère par-dessus. Depuis dix ans on la tient au lit. Elle était sortie aujourd'hui de sa masure pendant que ses parents étaient aux champs, profitant de leur absence pour s'aller noyer. Ces femmes l'en empêchaient. Je n'ai jamais vu plus amer désespoir. La pauvre enfant, hideuse d'ailleurs, n'est pas si grande que Didine. Je lui ai demandé son âge. — Quinze ans, mon bon monsieur, m'a dit une des femmes. Elle a interrompu d'un ton farouche en regardant ses petits membres : — J'ai seize ans.

Je lui ai donné quelque argent, en lui disant d'avoir bon espoir, que le bon Dieu était là. Elle m'a plus remercié de la bonne parole que de l'argent. Au reste, il paraît que ce n'est pas la première fois qu'on l'empêche de se noyer. De temps en temps on la rencontre allant vers la mer à l'heure où la marée monte.

Quand je suis arrivé à Barneville, le soleil était tout à fait couché, de beaux arbres d'encre se découpaient sur le ciel d'argent du crépuscule, la mer imitait à l'horizon le bruit des carrosses de Paris. Je ne savais dans cette ombre où trouver un gîte ; mais enfin, la providence aidant, me voici à une table quelconque d'où je t'écris, mon Adèle. J'écris aussi aux enfants. Dis-leur de m'écrire, tous, même Dédé (*à Caen, poste restante*). Je vous embrasse tous, mes pauvres anges, et ton père et Martine, et je serre la main de tous ceux qui vous aiment.

Ton VICTOR.

S'il vient pour moi des lettres pressées, réponds deux lignes : que M. Victor Hugo est absent encore pour quinze jours.

Sainte-Mère-Eglise, 5 juillet.

J'arrive épuisé de fatigue, chère amie; j'ai retrouvé Nanteuil qui m'attendait à Cherbourg. Comme nous avons voulu visiter toute la côte jusqu'ici et qu'il n'y a pas de route, nous avons fait tout le chemin à pied, et nous sommes las.

J'ai mille choses à te dire, mais aujourd'hui c'est ta lettre qui m'occupe, ta lettre qui m'a laissé une impression triste. Je suis tout accablé de savoir notre pauvre petit bien-aimé plus malade. Je vais me hâter de revenir pour le revoir, mon Toto si charmant et si doux. J'espère trouver à Caen une lettre de toi qui me rassure un peu sur ce cher enfant; embrasse-le cent fois pour moi et parle-lui bien de moi, ainsi qu'aux autres.

Et puis, mon Adèle, tu me dis dans ta lettre que tu es un peu triste, et la pensée que tu es triste là-bas m'empêche d'être ici autrement que triste. Tu ne sauras jamais à quel point je t'aime, vraiment, ma pauvre amie. Si tu voyais ce qui est au fond de mon cœur, je crois que tu serais heureuse.

A Barfleur, hier, nous avons voulu, Nanteuil et moi, faire une promenade de nuit en mer. Le maire, un être stupide, appelé M. Salé, s'y est opposé. Furieux, je suis allé ce matin à Valognes avec Nanteuil. J'ai parlé au sous-préfet, M. Clamorgan; j'ai fait donner une chasse au maire qui va m'écrire une lettre d'excuses. Et puis, le sous-préfet, qui a été tout aimable, nous a voulu faire boire de son vin de Champagne, et nous inviter à dîner et visiter les ruines romaines avec nous. Nous avons esquivé de notre mieux tout cela, mais il a bien fallu que je visitasse la bibliothèque dont on m'a fait feuilleter les manuscrits (il y en a vraiment de fort intéressants), le collège dont on m'a présenté les professeurs, etc., etc. J'ai du reste été dédommagé du tout. Le principal, en souvenir de ma visite, m'a demandé un jour de congé que j'ai accordé, comme tu penses, au milieu des vivats de ces pauvres petits diables qui m'adorent en ce moment. Ils se sont mis à jouer incontinent, et en me promenant rêveur sous les murs du collège, j'entendais leurs cris de joie qui me faisaient du bien; en conséquence de quoi je demande aussi au grand-papa un jour de congé pour mes chers petits le jour où cette lettre t'arrivera.

Tu as oublié de m'envoyer la lettre de ma Didine dont tu me parles. A bientôt, ma pauvre amie. Me voici en route pour revenir. Je compte sur une bonne lettre de toi à Caen. Je t'embrasse sur tes deux joues si fraîches et si douces, et puis je t'aime bien.

V.

Nanteuil me charge de te présenter ses respects les plus affectueux.

Troane, 5 juillet 1836.

Mon Adèle, je vais t'écrire tout de suite un mot par la poste qui va partir. Il y a une longue lettre que j'avais commencée et que je n'aurais pas le temps d'achever. Tu l'auras la prochaine fois, c'est la suite du compte rendu de mon voyage.

J'ai lu tes deux bonnes lettres et celles des chers petits. Mon Adèle, je ne veux pas que tu sois triste, entends-tu? *Je ne puis être heureux si tu n'es pas heureuse.* Si ces voyages t'attristent, je n'en ferai plus. Après tout, comme avant tout, tu es mon Adèle toujours bien-aimée.

Didine, Toto et Dédé m'ont écrit de bien gentilles lettres, mais j'attends celle de mon Charlot. Écris-moi désormais à Gisors. J'y ferai revenir les lettres qui pourraient arriver à Caen, comme j'ai fait pour Cherbourg.

J'ai vu avec bien de la joie que notre cher petit va mieux. Il faut qu'il soit bien courageux comme un homme, qu'il se soigne et qu'il se laisse soigner. Je l'aimerai bien, dis-lui cela. — Entends-tu, mon Toto?

Je suis charmé que la fête de ton père ait été gaie. J'espère que, l'année prochaine, j'en serai. Je songe beaucoup à lui au milieu des belles choses que je vois, car je suis qu'il en jouirait comme moi.

Dis à ma Didine et à Dédé que j'ai pensé aujourd'hui à elles dans la chapelle de Notre-Dame-de-la-Délivrance. Il y avait de pauvres femmes de marins qui priaient à genoux pour leur maris risqués sur la mer. J'ai prié aussi moi, à la vérité sans m'agenouiller et sans joindre les mains, avec l'orgueil bête de notre temps, mais du plus profond du cœur j'ai prié pour mes pauvres chers enfants embarqués vers l'avenir que nul de nous ne connaît. — Il y a des moments où la prière me vient. Je la laisse venir et j'en remercie Dieu.

On m'avertit que la boîte va se fermer. Je n'ai que le temps de t'embrasser et tout ce qui t'entoure, et cela aussi *du plus profond de mon cœur.*

V.

Du 15 au 18 je serai à Paris.

Pont-Audemer, 12 juillet.

Je ne t'écrirai encore, mon Adèle, que quatre lignes aujourd'hui. Ma pauvre lettre est toujours là inachevée. Je ne sais plus comment je ferai pour te conter tout ce que je vois. Je n'ai pas le temps de respirer entre la cathédrale et l'océan. On me dit que la poste va partir et je me hâte d'y jeter ce mot. Je ne veux pas que tu sois sans lettre de moi.

J'espère que tout va toujours bien là-bas et que je vous trouverai tous bien portants et bien contents à mon retour qui est prochain.

Je crains bien de n'avoir pas le temps de t'écrire tout ce que je vois, mais j'en garderai une partie pour nos bonnes causeries de Fourqueux.

Embrasse pour moi mes chers petits. Mille amitiés à Martine et aux amis. Serre les mains de ma part à ton père, et toi je te garde pour la bonne bouche. La bonne bouche c'est la tienne, à laquelle j'envoie bien des baisers.

Ton VICTOR.

Courseulles. 7 juillet.

Je continue, chère amie, l'espèce de journal que je te fais de mon voyage. En quittant Barneville, cette affreuse auberge où je n'ai trouvé que du lait et des puces, la route était horrible, la plus horrible que j'aie vue ; aucun moyen de transport jusqu'au lieu où je devais trouver un coucou pour Cherbourg. Quatre lieues (*de pays!*) à faire à pied par une chaleur des tropiques. Heureusement, ayant dirigé mes quelques nippes sur Cherbourg, je n'avais pas de paquet à porter. Il était six heures du matin, je me suis mis bravement en route.

Au-dessus de Barneville, je me suis retourné. La vue s'étend à dix lieues. Le ciel, la terre et la mer étaient superbes. On voit de là un assez large golfe qui forme deux caps aux deux pointes opposées desquels apparaissaient dans la brume le clocher de Portbail et le clocher de Barneville, comme deux grands clous aux deux extrémités du fer à cheval. Une grosse brume rousse où entraient des barques de pêcheurs roulait lentement sur l'océan et allait s'échouer au fond du golfe, où il s'en détachait un long convoi de nuages déjà engagé fort avant dans les terres. Vous avez dû avoir une partie de mon paysage en pluie le lendemain.

Après quelques instants d'admiration et de repos, je suis reparti, causant çà et là avec des pêcheurs qui me prenaient pour un propriétaire riverain, et longeant à cause de la chaleur les buissons et les mares de très près, au risque de marcher dans les canards.

Or les quatre lieues faisaient huit lieues. A cinq heures du soir j'étais aux Pieux. Depuis la veille onze heures du matin, excepté une tasse de lait de Barneville, je n'avais rien pris. Trente heures sans manger et une dizaine de lieues à pied, en additionnant celles de la veille, voilà ma prouesse de la Haie-du-Puits aux Pieux.

Aux Pieux, il y avait une jolie petite hôtesse toute ronde que j'ai aidée à écosser les pois de son jardin et à qui j'ai dit mille galanteries, tout en sueur que j'étais. Enfin j'ai dîné, et à sept heures je roulais vers Cherbourg dans un coucou dont les roues faisaient entre elles des angles bizarres.

Je roulais depuis deux heures, il était nuit noire. Tout à coup je lève ou plutôt je baisse les yeux. Il y avait devant nous un immense gouffre d'ombre où la mer faisait de larges échancrures blanchâtres. A droite, sous nos pieds, au fond, brillaient quelques vingtaines de lanternes alignées avec quelques vitres éclairées çà et là dans un tas informe de toits noirs. Au loin éclataient deux phares. A gauche, au-dessus de nous, les ormes de la route, qui ont des profils si étranges la nuit, se détachaient sur un ciel crépusculaire. La spirale indécise du chemin se perdait à mi-côte. On entendait le bruit mystérieux de la mer. J'arrivais à Cherbourg.

Il est difficile, n'est-ce pas, de mieux arriver dans une ville. N'en rien voir que quelques lumières dans un amas d'ombre, n'en rien entendre dans la rumeur de l'océan, c'est admirable, on la suppose comme on veut. Le lendemain j'étais tout désappointé. Excepté l'église, qui a quelques curieuses ciselures, Cherbourg est une plate ville.

J'ai fait une promenade en mer avec Nanteuil. Nous avons visité le port, la digue. Décidément je fais peu de cas des grands ports de mer. Je déteste toutes ces maçonneries dont on caparaçonne la mer. Dans ce labyrinthe de jetées, de môles, de digues, de musoirs, l'océan disparait comme un cheval sous le harnais. Vive Étretat et le Tréport ! Plus le port est petit, plus la mer est grande.

A huit heures du soir, nous quittions Cherbourg. Nous montions tous les deux à pied lentement la côte de Tourlaville. Derrière nous la mer s'étalait sur l'immense horizon, unie et comme cirée.

Du point où nous étions on voyait trois golfes. La magnifique croupe de granit d'où l'on extrait la digue faisait un bloc sévère au-dessus de Cherbourg qui se voilait de ses fumées. Un canot qui traversait la rade laissait derrière lui un long sillage d'argent qui allait distinctement jusqu'à Cherbourg, quoique l'embarcation en fût à plus d'une lieue. Le crépuscule simplifiait les lignes déjà fort belles des collines et de la mer. L'eau était nacrée par endroits, et tout au fond, au milieu de l'océan mat et sans reflets, on voyait s'éteindre le soleil sur lequel s'abaissait une paupière de nuages.

Du reste, Cherbourg n'en avait pas moins une figure médiocre; mais, quand le ciel et la mer font une sauce à une ville quelconque, c'est toujours beau.

Il faut bien que je m'arrête ici, c'est tout au plus si j'ai une plume. Il n'y a pas de poudre pour sécher mon papier, et je suis forcé de me servir pour cela d'un numéro du *Constitutionnel*. Pauvre *Constitutionnel*, forcé de boire ma littérature!

Yvetot, 13 juillet.

Il faut, chère amie, que je renonce à continuer mon immense journal. Les incidents se pressent tellement dans mon voyage qu'on en ferait des volumes, et plus j'ai de choses à voir, moins j'ai le temps de les conter.

J'ai vu toutes les belles villes du littoral de la Manche; Bayeux, qui a une admirable cathédrale; Caen, où j'ai compté en arrivant quinze clochers. A tout moment, dans le moindre village, on rencontre des flèches de pierre admirables, qui sortent, chose étrange, d'une toute petite église, comme les belles fleurs des champs haut juchées sur une vilaine plante. Le soir, nous nous promenons, Nanteuil et moi, dans les villes, nous nous enfonçons dans les rues tortueuses, et nous n'avons qu'à lever les yeux pour retrouver à chaque pas les hauts clochers des cathédrales qui font des cheminées magnifiques à des toits misérables.

Quant à notre manière de voyager, elle ne serait commode que pour nous qui voulons tout voir et qui achetons volontiers un beau paysage au prix d'un mauvais gîte. Nous allons de patache en coucou, nous nous juchons comme nous pouvons sur les impériales, dans les rotondes, n'importe où. Souvent nous avons des voisins bavards, avec lesquels il faut causer. Moi je travaille et je fais des vers, ce qui ne m'empêche pas de me mêler par moments à la conversation. Je parle d'un côté et je pense de l'autre.

Nous voici en ce moment à Yvetot. Nous n'avons pu résister au désir de revoir la mer encore une fois et nous allons à Fécamp.

Yvetot est une sotte ville où les maisons sont rouges et les filles aussi.

En revanche, nous avons vu Isigny, où nous avons passé la nuit en mer dans une barque de pêcheur; Honfleur, qui a un port ravissant plein de mâts et de voiles, couronné de collines vertes, entouré de maisons étroites plus hautes que Nanteuil; la Bouille, où la Seine fait un superbe croissant; et puis Pont-l'Évêque, où il y a toutes sortes de jolies maisons; et puis Pont-Audemer, où il y a une charmante église inachevée avec de très beaux vitraux du plus grand caractère. Mais tout cela, mon Adèle, ne vaut pas Fourqueux, où il y a une vilaine église neuve, mais où tu es, toi, où vous êtes tous.

Je compte être à Paris le 19. Je t'écrirai d'ici-là. Du reste je t'apprendrai que je suis tout à fait à l'épreuve du mal de mer. J'ai fait sans accident plusieurs excursions en mer, une entre autres à Barfleur par une belle mer houleuse qui emplissait le chasse-marée d'écume. Je m'étais cramponné aux cordages, j'étais monté debout sur le bord du petit navire, c'est une des impressions les plus charmantes que j'aie eues de ma vie.

Voilà, j'espère, mon Adèle, un gros paquet de griffonnages. Je me dépêche de le finir en embrassant Didine, Toto, Charlot, Dédé, et toi d'abord, et toi après. Je vous aime tous plus tendrement que jamais. Encore cinq jours et je vous reverrai!

V.

Yvetot, 16 juillet.

Chère amie, nous étions revenus jusqu'à Yvetot, mais voici qu'une tempête se déclare, il fait un vent affreux, nous allons aller observer la mer à Saint-Valery-en-Caux, ce qui retardera notre retour d'un jour ou deux. Ne m'attends donc que le 21. Je tâcherai pourtant d'être à Paris le 20. Je t'écrirai à temps le jour précis. Écris-moi toujours à Gisors. Voici ma lettre d'hier que je n'avais pas encore eu le temps de mettre à la poste.

Il ne faut rien moins qu'une tempête, chose que je n'ai pas encore vue, pour retarder mon retour, tant j'ai besoin de te revoir. Je t'embrasse bien tendrement.

V.

Barentin, 17 juillet.

Je commence par l'essentiel. Je serai à Paris, mon Adèle, le 20 au soir ou le 21 au matin, selon le bon plaisir de la diligence de Gisors. Comme je veux repartir tout de suite pour aller vous embrasser tous à Fourqueux, fais en sorte que je trouve, en arrivant place Royale, la clef chez le portier, et ma redingote, avec ce qu'il me faut pour m'habiller dans ma chambre. Je te remercierai de ce soin comme de tous ceux que tu as pour moi.

Je viens d'ailleurs de voir un merveilleux spectacle. L'ouragan, qui avait fait rage toute la nuit, était tombé quand je suis arrivé, toujours avec notre bon Nanteuil, à Saint-Valery-en-Caux. Mais la mer était encore émue et toute palpitante de colère. Nous avons passé huit heures à la regarder, courant à la jetée, grimpant aux falaises, crevant nos souliers aux galets de la plage;

ceci est à la lettre, tu verras mes souliers de castor. Nanteuil marche sur ses vrais pieds, sans intermédiaire quelconque.

La mer était vraiment belle. Ce n'était, à perte de vue, que longues nappes d'écume déployées comme de grandes ailes blanches sur le fond vert et vineux de l'eau. Le tout bondissait avec rage, le vert et le blanc pêle-mêle, et hurlait affreusement. Le vent était tel que nous nous tenions aux parapets du musoir. De moment en moment des troupeaux de vagues blondes, d'une hauteur énorme, qui venaient du fond de la mer, débouchaient sous le vent de l'extrémité de la jetée et accouraient éperdument vers nous, le long du mur, comme des cavaleries furieuses qu'on ramène à la charge, puis elles se brisaient aux galets, redescendaient en râlant et se dissolvaient en larges flaques de bave savonneuse. Après chaque assaut de la vague, tous les trous du vieux mur lézardé de la jetée ruisselaient comme des fontaines. Au-dessous de nous, sur un grand banc de rochers, un immense haillon d'écume blanche se déchirait en cent façons aux pointes noires du granit. Pas une voile en mer, tant la bourrasque était violente. Le jour était sombre, avec un rayon blafard de temps en temps. A nos pieds, sur nos têtes, tout était tumulte, le ciel plein de nuages, la mer pleine de vagues.

Yvetot est un gîte affreux. J'ai pris une ligne de l'avant-dernière lettre que je t'ai écrite et j'en ai aiguisé l'imprécation que voici, dont j'ai régalé ladite ville en partant :

A YVETOT.

Que le passant te raille !
Qu'en voyant ta muraille
Le voyageur s'en aille
Sur son cheval rétif !
Que, sans entrer, le coche
A ta porte s'accroche !
Que le diable à la broche
Mette ton roi chétif !
Que toujours un blé maigre,
Qu'un raisin à vinaigre
Emplisse tes paniers,
Yvetot la normande,
Où l'on est à l'amende
Chez tous les taverniers !
Logis peuplé de singes,
Où l'on voit d'affreux linges
Pendre aux trous des greniers !
Où le poing d'un bélître
Croit casser une vitre
Et crève un vieux papier !
Où l'on a pour salade
Ce qu'un lapin malade
Laisse dans son clapier !
Ville bâtie en briques,
Triste amas de fabriques
Qui sentent le ranci !
Qui n'as que des bourriques
Et du cidre en barriques
Sur ton pavé moisi !
Groupe d'informes bouges,
Où les maisons sont rouges
Et les filles aussi !

Enfin, je m'en retourne à Paris, et, retiens bien ceci, voici le solennel épiphonème qui jaillit de mon voyage : la nature est belle et l'homme est laid.

En effet, si d'une part les routes sont couvertes de fleurs, d'arbres, d'oiseaux, de rayons de soleil, d'autre part elles sont encombrées d'affreux paysans en jaquette, de paysannes en bonnets de coton, de marmots immondes dont la bouche suce le nez. Il y a les cathédrales, mais il y a les auberges. Or, sais-tu ce que c'est que les auberges? Ce sont les anciennes cavernes de voleurs, civilisées, perfectionnées et abonnées au *Constitutionnel*.

Je t'assure, mon Adèle, que j'ai le cœur bien content de revenir. A Gisors, j'aurai tes lettres. A Fourqueux, j'aurai toi. J'embrasse Didine, j'embrasse Charlot, j'embrasse Toto, j'embrasse Dédé. Vous êtes tous ma joie et ma vie. Je t'embrasse et je t'aime, mon Adèle. — Mes amitiés à ton père, à Martine, à nos amis.

1837

—

BELGIQUE

F MEAULLE

1837

I

CREIL

Amiens, 11 août, 9 heures du soir.

Je t'écris bien vite quelques lignes d'Amiens, chère amie. J'arrive et je n'ai que de l'encre blanche sur le marbre d'une armoire et ce papier que voici. Je t'aime, mon Adèle, sois-en bien sûre. Je t'écrirai plus au long la prochaine fois.

La route de Paris ici est un grand jardin. Il y a beaucoup d'églises vraiment charmantes. Creil est une jolie ville avec de vieux beaux édifices, un pont coupé par une île et des eaux où tout cela se reflète. Il y a à Breteuil un petit châtelet exquis du quinzième siècle qui sert d'hôtel des postes. C'est comme à Verneuil.

Et puis un charmant clocher qui m'a paru tenir à une belle église.

Je t'écris tout cela dans un bruit affreux, et le cœur fort triste. Je songe à la joie que j'aurai de vous revoir tous, mon Adèle chérie. Il est bien bête de quitter la maison où l'on est si bien pour venir dîner dans des assiettes d'auberge où l'on lit les chansons de Béranger à travers sa soupe. Mais que veux-tu? il faut bien changer l'attitude de son esprit, et les voyages servent à cela.

Adieu, mon pauvre ange, à bientôt. Embrasse pour moi ma Didine que j'aime tant, et Charlot, et Toto, et Dédé, embrasse-les huit fois sur leurs huit joues. — Je t'aime, ma Didine, je t'aime, mon Adèle. Mille baisers.

V.

II

LA SOMME. — ARRAS.

Arras, 13 août, 6 heures du soir.

J'ai calculé que tu recevrais ma première lettre au moment même où je t'écris la seconde. C'est un bonheur pour moi de songer que j'occupe ta pensée à l'instant précis où la mienne est fixée sur toi.

Me voici à Arras, prêt à pénétrer dans la Belgique. Hier matin, j'ai suivi en bateau à vapeur les bords de la Somme d'Amiens à Abbeville. Au moment où je m'embarquais, le soleil se levait dans une brume épaisse au milieu de laquelle se détachait la silhouette immense de la cathédrale, sans aucun détail dans la masse, par le profil seulement. C'était superbe.

Rien de plus joli que les bords de la Somme. Ce n'est qu'arbres, prés, herbages, et villages charmants. Mes yeux ont pris là un bain de verdure. Rien de grand, rien de sévère; mais une multitude de petits tableaux flamands qui se suivent et se ressemblent; l'eau coulant à rase bord entre deux berges de roseaux et de fleurs, des îles exquises, la rivière gracieusement tordue au milieu d'elles, et partout de petites prairies heureuses à herbe épaisse, avec de belles vaches pensives sur lesquelles un chaud rayon de soleil tombe entre les grands peupliers. De temps en temps on s'arrête aux écluses; et, pendant que ce petit travail se fait, la machine à vapeur geint comme une bête fatiguée.

On côtoie ainsi Picquigny qui a un beau clocher, et le grand château presque royal à façade de brique et de pierre qui appartient à M. de Boubers. Il y a aussi à droite en descendant, dans une île, des ruines qui m'ont paru remarquables, quoique ruinées un peu trop bas pour le voyageur qui passe en bateau derrière les hautes herbes. Ces herbes et ces roseaux, du reste, font un effet charmant. Quand le sillage du bateau vient les secouer en touchant le bord, elles se mettent à saluer les passants de la façon la plus gracieuse du monde et la plus empressée.

J'ai revu Abbeville avec grand plaisir ; et à quatre heures je suis parti pour Doullens où j'arrivais à neuf heures du soir.

Une belle surprise pour qui ne connaît pas bien cette route, c'est Saint-Riquier, merveilleuse abbaye du quinzième siècle, presque en ruine, qui vous apparaît tout à coup à trois lieues d'Abbeville. J'ai mis pied à terre, bien entendu, et j'ai passé une heure à tourner dans les nefs autour des statues qui sont très nombreuses et la plupart admirables. Quelques-unes sont encore peintes de leur enluminure du seizième siècle. Dans la chapelle de la Vierge, il y a une *Maris Stella* sculptée en console que j'aurais voulu pouvoir dessiner. Malheureusement le temps me manquait. La vierge dans une étoile, les autres astres à l'entour, le vaisseau brisé, la mer furieuse, le port dans le fond, tout cela est ravissant. On répare en ce moment cette magnifique abbaye, mais mal.

Il y a sur la place du village un fort beau beffroi à quatre tourelles engagées. J'aurais bien désiré dessiner au moins cela, mais il fallait partir.

La route jusqu'à Doullens serpente sur les ondulations des grandes plaines, ce qui ennuie en général tout le monde et ce qui me plaît fort. De temps en temps on rencontre un vieux moulin vermoulu à ailes rouges. Les toiles sont coupées de manière à dessiner une étoile au centre de la croix que font les ailes. Il y a là-dessous quelque bonne et douce superstition. *Maris Stella.* — (Fais-toi expliquer ce latin par Toto).

Doullens n'a rien fait pour son paysage qui est charmant. C'est une assez plate et insignifiante ville, coupée d'eau vive, enfoncée dans les arbres, environnée de belles collines. Pauvre tableau richement encadré. Il y a une citadelle à bastions, zigzags et contrescarpes, ce qui m'est fort égal. Vauban dans le paysage est fort bête. Je ne tolère les triangles et les carrés des forteresses modernes que dans Van der Meulen.

J'attendais mieux d'Arras. Je n'en suis qu'à demi content. Il y a bien deux places curieuses à pignons en volutes dans le style flamand-espagnol du temps de Louis XIII. Mais pas d'églises. — Je me trompe, un ignoble clocher comme celui de Saint-Jacques du Haut-Pas. J'ai voulu entrer dans cette église. Aucun moyen de l'ouvrir. Elle était triplement verrouillée. J'ai comparé cette sotte église revêche à une femme laide, et prude par-dessus le marché ! Mais aussi que diable allais-je essayer d'entrer là ?

Sur l'une des places, la petite, il y a un charmant hôtel de ville du quinzième siècle accosté par un délicieux logis de la Renaissance. La façade serait admirable si les architectes du cru n'avaient pas eu l'idée de l'enjoliver, ce qui la fait ressembler à un décor gothique de l'ancien Ambigu. Maintenant ils refont la tour du beffroi. Comme ils vont coiffer ce pauvre édifice !

Je me laisse aller, chère amie, au bonheur de causer avec toi, et je m'aperçois que ma page est pleine. Il y a longtemps que mon dîner est froid, mais qu'importe. Il faut pourtant finir cette longue lettre. Écris-moi, mon Adèle. Donne ceci à ma Didine. Et puis donne-lui aussi mille baisers, ainsi qu'aux autres, et gardes-en les trois quarts pour toi. Oh ! qu'il me tarde déjà de vous revoir tous, et toi surtout. Je t'aime, va.

V.

Mes amitiés à nos bons amis, à notre Louis, à Robelin, à Châtillon, etc.

III

DOUAI. — VALENCIENNES. — CAMBRAI.

Valenciennes, 15 août.

Demain, chère amie, je serai en Belgique. Je commence à en avoir besoin; car, Douai excepté, la France depuis Arras est d'une rare platitude.

Je n'excepterais même pas Douai s'il n'y avait pas là le plus joli beffroi de ville que j'ai encore vu. Figure-toi une tour gothique, coiffée d'un toit d'ardoises, qui se compose d'une multitude de petites fenêtres coniques superposées; sur chaque fenêtre une girouette, aux quatre coins une tourelle; sur la pointe du beffroi un lion qui tourne avec un drapeau dans les pattes, et de tout cet ensemble si amusant, si fou, si vivant, il sort un carillon. Dans chaque petite lucarne on voit se dessiner une petite cloche qui fait rage, comme une langue dans une gueule. J'ai dessiné cette tour, et quand je regarde mon dessin, tout informe qu'il est, il me semble encore entendre ce joyeux carillon qui s'en échappait, comme la vapeur naturelle de cet amas de clochetons.

En passant à Douai j'aurais voulu voir notre pauvre Antony Thouret. Je l'ai demandé dans la ville. Il était absent. Pas d'église à Douai, car je n'appelle pas église un tas hideux qui est dans un coin.

La merveille de l'ennui, c'est Cambrai qui s'appelle en latin *Camaracum*. Il y a là une grande diable de place qui voudrait, avec ses boutiques allumées, ressembler au Palais-Royal et qui ne réussit qu'à ressembler à la place du Châtelet, plus grande et plus laide; un hôtel de ville classique et ignoble coiffé d'un gros horloge que les naturels du pays vous montrent avec orgueil, parce que, disent-ils, il a été fait par un berger (qu'est-ce que cela me fait que Tircis ait fabriqué cette horloge?). Enfin la cathédrale, c'est-à-dire la tour de Saint-Jacques du Haut-Pas juchée sur le portail de Saint-Thomas d'Aquin. Le tout est rempli d'habitants. L'ensemble est hideux.

Il y avait fête aujourd'hui. On devait traîner en procession par la ville de grands chars de carton doré pleins de filles rousses. Je me suis enfui. J'attends de la miséricorde de Dieu qu'il ne remettra jamais sur ma route la capitale du Cygne de Cambrai. J'aimerais mieux relire *Télémaque*.

Valenciennes ne vaut guère mieux que Cambrai. Il y avait un fort noble et fort sévère beffroi du quatorzième siècle; mais, il y a cent ans, on lui a masqué le pied avec un lourd pâté dorique et on lui a mis une tête rococo en pierre bleue la plus vilaine du monde. La pierre bleue écrase la pierre grise, de façon que le beffroi menace ruine. Toutes ces inepties sont risibles et tristes. Les gens d'ici avaient aussi un curieux hôtel de ville espagnol de 1612. Ils le grattent.

Cela vu, et quelques vieilles maisons bien rares, il n'y a plus rien dans la ville que la citadelle. Décidément Vauban m'assomme, je ne puis sentir ces forteresses que masque une touffe d'herbe. J'ai dit dans *Notre-Dame* que l'imprimerie a tué les églises, j'aurais pu ajouter que l'artillerie a tué les forteresses.

Ici aussi, il y a une grande place, mais plate et bête, surtout si on la compare aux deux places d'Arras que j'ai revues au clair de lune plus admirables encore que le jour. La nuit, la couleur s'en va, il ne reste plus que les lignes.

La couleur de ce pays-ci commence à m'ennuyer. Les maisons sont rouges, les femmes sont blondes, les plaines sont jaunes; il me tarde de revoir de la pierre, de la verdure et des cheveux noirs, les tiens surtout, mon Adèle.

Ajoute à cela que la route, de Cambrai ici, est infectée de cippes en marbre bleu, de colonnes doriques en granit gris, etc., que les passants ventrus et roux qui couvrent les chemins prennent pour des monuments. Il y en a un pour la bataille de Denain, avec deux médiocres vers de Voltaire en bandoulière; un autre pour le général Dampierre, colonne avec une urne de bronze sur la tête, qui de loin a l'air d'aller chercher de l'eau à la fontaine. Je m'étais résigné au cippe de Mlle Duchesnois. Je ne sais comment je l'ai esquivé.

Je me suis arrêté quelque temps sur le champ de bataille de Denain. Il a besoin de ce souvenir, car c'est une plaine comme une autre et je n'ai trouvé dans ce méchant petit village — qui fait dire à Voltaire : *dans Denain*, comme il eût dit *dans Paris* ou *dans Londres* — je n'y ai trouvé qu'une seule maison assez vieille pour avoir vu *l'audacieux Villars disperser le tonnerre*, etc.

Voici encore une lettre sans fin, mon Adèle. Je me laisse aller à la douceur de te conter tout ce que je vois. Je voudrais te le faire voir. J'espère que notre Dédé va de mieux en mieux et que vous vous portez tous bien. Quant à moi, je me suis affreusement rougi, ce qui me met en harmonie avec les façades de brique et les cheveux des habitants.

Je pense que cette lettre t'arrivera presque en même temps que ton père. Embrasse-le bien pour moi. Je serai plus heureux de le savoir près de vous. Et puis écris-moi de bonnes lettres.

IV

BRUXELLES

Bruxelles, 17 août, 8 heures du soir.

Chère amie, je suis encore ébloui de Bruxelles, ou pour mieux dire de deux choses que j'ai vues à Bruxelles : l'hôtel de ville avec sa place, et Sainte-Gudule.

Les vitraux de Sainte-Gudule sont d'une façon presque inconnue en France, de vraies peintures, de vrais tableaux sur verre d'un style merveilleux, avec des figures comme Titien et des architectures comme Paul Véronèse.

La chaire en bois sculpté de Henry Verbruggen qui est dans l'église date de 1699. C'est la création tout entière, c'est toute la philosophie, c'est toute la poésie, figurées par un arbre énorme qui porte dans ses rameaux une chaire, dans ses feuilles tout un monde d'oiseaux et d'animaux, à sa base Adam et Ève chassés par l'ange triste et suivis par la mort joyeuse et séparés par la queue du serpent, à son sommet la croix, la Vérité, l'enfant Jésus et sous le pied de l'enfant la tête du serpent écrasée. Tout ce poëme est sculpté et ciselé à plein chêne de la manière la plus forte, la plus tendre et la plus spirituelle. L'ensemble est prodigieusement rococo et prodigieusement beau. Que les fanatiques du *sévère* arrangent cela comme ils voudront, cela est. Cette chaire est dans l'art un de ces rares points d'intersection où le beau et le rococo se rencontrent. Watteau et Coypel ont trouvé aussi quelquefois de ces points-là.

J'avais vu à Mons une église belge, fort belle vraiment et du quatorzième siècle, Sainte-Waudru. L'intérieur de ces églises-là fait honte à nos cathédrales. C'est partout un luxe, un soin, un zèle, une propreté, un ameublement exquis des chapelles, un ajustement splendide des madones, qui indigne contre nos églises si sales, si nues et si mal tenues. Si ces braves belges ne badigeonnaient pas aussi de temps en temps, on n'aurait qu'à admirer. Sainte-Waudru pourtant n'est pas barbouillée, mais Sainte-Gudule l'est.

Quand je suis entré dans Sainte-Gudule, il était trois heures. On célébrait l'office de la Vierge. Une madone, couverte de pierreries et vêtue d'une robe de dentelle d'Angleterre, étincelait sous un dais d'or, au milieu de la nef, à travers une lumineuse fumée d'encens qui se déchirait autour d'elle. Beaucoup de peuple priait immobile dans l'ombre, et au-dessus un large rayon de soleil faisait remuer l'ombre et la clarté sur plusieurs grandes statues d'une fière tournure adossées aux colonnes. Les fidèles semblaient de pierre, les statues semblaient vivre.

Et puis un chant admirable, coupé de voix graves et de voix claires, tombait mystérieusement, avec le bruit de l'orgue, des plus hautes travées perdues dans la vapeur. Moi, pendant ce temps-là, j'avais l'œil vaguement fixé sur la chaire fourmillante de Verbruggen, chaire magique qui parle toujours. — Encadre ceci de vitraux, d'ogives et de tombes de la Renaissance en marbre noir et blanc, et tu comprendras qu'il résultait de cet ensemble une sensation sublime.

L'hôtel de ville de Bruxelles est un bijou comparable à la flèche de Chartres; une éblouissante fantaisie de poëte tombée de la tête d'un architecte. Et puis, la place qui l'entoure est une merveille. A part trois ou quatre maisons que de modernes cuistres ont fait dénaturer, il n'y a pas là une façade qui ne soit une date, un costume, une strophe, un chef-d'œuvre. J'aurais voulu les dessiner toutes l'une après l'autre.

Je suis monté sur les clochers de Sainte-Gudule. C'était beau. Toute la ville sous mes pieds, les toits tailladés et volutés de Bruxelles à demi estompés par les fumées, le ciel (un ciel orageux) plein de nuages dorés et frisés par le haut, coupés ras comme marbre par le bas; au fond une grosse nuée lointaine d'où tombait la pluie, comme du sable fin d'un sac qui se crève; le soleil jouant dans tout cela; la magnifique lanterne à jour du beffroi se détachant sombre sur les vapeurs blanches; et puis le bruit confus de la ville qui montait, et puis la verdure des belles collines de l'horizon : c'était vraiment beau. J'ai tout admiré comme un provincial de Paris que je suis, tout, jusqu'au maçon qui cognait sur une pierre et qui sifflait à côté de moi.

Bruxelles m'a fait oublier Mons, et pourtant Mons vaudra peut-être que je t'en reparle, car c'est une ville charmante. Mais pour aujourd'hui, mon Adèle, tu dois en avoir assez de mes pierres et de mes églises, et je crois t'entendre me gronder gaiement de ma manie. Chère amie, ne t'en plains pas. Les églises me font penser à toi. Je sors de là vous aimant tous plus encore, si c'est possible.

Je t'embrasse ainsi que ton bon père. Dis à Didine et à Dédé, dis a Charlot et à Toto de s'entr'embrasser en mon nom. Je bois de la bière comme un allemand. La bière de Louvain a un arrière-goût douceâtre qui sent la souris crevée. C'est fort bien. — Je t'embrasse.

V

MONS. — LOUVAIN. — MALINES.

Bruxelles, 18 août.

Je suis encore à Bruxelles, mon Adèle. En attendant la diligence, je te commence une lettre que je finirai à Louvain ou à Malines. Tu vois combien c'est un bonheur pour moi de me rapprocher de toi par la pensée en t'écrivant.

Je t'ai promis de te reparler de Mons. C'est, en effet, une ville fort curieuse. Pas un clocher gothique à Mons, car l'église chapitrale de Sainte-Waudru n'a qu'un petit clocheton d'ardoise insignifiant; en revanche, la silhouette de la ville est chargée de trois beffrois dans ce goût tourmenté et bizarre qui résulte ici du choc du nord et du midi, de la Flandre et de l'Espagne.

La plus haute de ces trois tours, bâtie sur l'emplacement de l'ancien château, et, je pense, vers la fin du

dix-septième siècle, a un toit vraiment étrange. Figure-toi une énorme cafetière flanquée au-dessous du ventre de quatre théières moins grosses. Ce serait laid si ce n'était grand. La grandeur sauve.

Autour de ce genre de clocher, imagine des places et des rues irrégulières, tortues, étroites souvent, bordées de hautes maisons de brique et de pierre à pignons taillés du quinzième siècle et à façades contournées du seizième, et tu auras une idée d'une ville de Flandre.

La place de l'hôtel de ville à Mons est particulièrement jolie. L'hôtel de ville a une belle devanture à ogives du quinzième siècle, avec un assez curieux beffroi rococo, et de la place on aperçoit en outre les deux autres clochers.

Comme je devais partir à trois heures du matin, je ne me suis pas couché pour voir cet ensemble au clair de lune. Rien de plus singulier et de plus charmant, sous un beau ciel clair et étoilé, que cette place si bien déchiquetée dans tous les sens par le goût capricieux du quinzième siècle et par le génie extravagant du dix-huitième; rien de plus original que tous ces édifices chimériques vus à cette heure fantastique.

De temps en temps un carillon ravissant s'éveillait dans la grande tour (la tour des théières); ce carillon me faisait l'effet de chanter à cette ville de magots flamands je ne sais quelle chanson chinoise; puis il se taisait, et l'heure sonnait gravement. Alors, quand les dernières vibrations de l'heure avaient cessé, dans le silence qui revenait à peine, un bruit étrangement doux et mélancolique tombait du haut de la grande tour, c'était le son aérien et affaibli d'une trompe, deux soupirs seulement. Puis le repos de la ville recommençait pour une heure. Cette trompe, c'était la voix du guetteur de nuit.

Moi, j'étais là, seul éveillé avec cet homme, ma fenêtre ouverte devant moi, avec tout ce spectacle, c'est-à-dire tout ce rêve, dans les oreilles et dans les yeux. J'ai bien fait de ne pas dormir cette nuit-là, n'est-ce pas? Jamais le sommeil ne m'aurait donné un songe plus à ma fantaisie.

Eh bien! ce rêve est fortifié. Mons est une citadelle; et une citadelle plus forte qu'aucune des nôtres. Il y a huit ou dix enceintes avec autant de fossés autour de Mons. En sortant de la ville on est rejeté, pendant plus d'un quart d'heure, de passerelles en ponts-levis, à travers les demi-lunes, les bastions et les contrescarpes. Ce sont les anglais qui ont mis cette chemise à la ville pour le jour où nous aurions le caprice de nous en vêtir.

Cette Flandre est belle d'ailleurs : de grandes prairies bien vertes, de frais enclos de houblon, des rivières étroites coulant à pleins bords; tantôt un herbage plein de vaches, tantôt un cabaret plein de buveurs. On voyage entre Paul Potter et Teniers.

Quant à la propreté flamande, voici ce que c'est : toute la journée, toutes les habitantes, servantes et maîtresses, duègnes et jeunes filles, sont occupées à nettoyer les habitations. Or, à force de lessiver, de savonner, de fourbir, de brosser, de peigner, de s'éponger, de tripoliser, de curer et de récurer, il arrive que toute la crasse des choses lavées passe aux choses vivantes, d'où il suit que la Belgique est le pays du monde où les maisons sont les plus propres et les femmes les plus sales.

Ceci soit dit en exceptant, bien entendu, les belles dames, avec lesquelles je ne veux me faire d'affaires dans aucun pays.

Du reste, cette espèce de propreté malpropre donne, quand on oublie les femmes, des résultats charmants. Ainsi, grâce aux plaques de cuivre luisantes comme l'or qui les garnissent ici, je viens de m'apercevoir, pour la première fois depuis que j'existe, que les colliers des chevaux de charrette ont la forme d'une lyre. Mets des cordes à la place de la tête du cheval, et Viennet pourra se servir de cet instrument.

A propos de chevaux, il paraît qu'ils sont fort méchants en Flandre, ou les flamands fort prudents; car on ne les ferre, dans tous les villages où j'ai passé, que dans un travail des plus solides, non en chêne, mais en granit. (Ils ont ici un granit bleu assez laid qu'ils mettent à toute sauce.) J'ai été contrarié de cette mode, moi qui aime tant à rencontrer en route le beau groupe compliqué du cheval et du maréchal ferrant.

A quelques lieues de Mons, avant-hier, j'ai vu pour la première fois un chemin de fer. Cela passait sur la route. Deux chevaux, qui en remplaçaient ainsi trente, traînaient cinq gros wagons à quatre roues chargés de charbon de terre. C'est fort laid.

Lier, 19 août, 9 heures du soir.

J'ai passé Louvain, j'ai passé Malines, je suis à Lier, et je continue ma lettre. Je pense avec bien de la joie que ton père est près de toi, mon Adèle, depuis hier et que ma Didine a son grand-papa en attendant le petit.

Je suis amplement dédommagé de toutes les sottes villes de la Flandre française. Louvain, qui est comme situé au fond d'une cuvette, est une charmante cité très complète. L'hôtel de ville, qui est admirable, a la forme d'une châsse gigantesque. C'est un colossal bijou du quinzième siècle. On le peint en jaune gris. L'hôtel de ville de Mons est en gris bleu. Ils ont pour cette dernière couleur cet affreux granit bleu qui leur sert de prétexte. — Nous raccordons, disent-ils. — Ces pauvres welches ont la rage de badigeonner.

La grande église à demi écroulée de Louvain fourmille de belles choses. Les chapelles regorgent de peintures merveilleuses et de sculptures parfaites. Ce ne sont que festons, ce ne sont qu'astragales. Tout cela est disposé au hasard, sans ordre, pêle-mêle, tohu-bohu. Ce sont des chaos que ces églises belges, mais des chaos qui contiennent des mondes.

La cathédrale de Malines est badigeonnée de blanc à l'intérieur et encombrée des fantaisies étranges de l'art du dix-huitième siècle. En revanche, l'extérieur est prodigieux. Sa tour terrifie. J'y suis monté. Trois cent soixante-dix-sept pieds de haut, cinq cent cinquante-quatre marches. Presque le double des tours de Notre-Dame. Cette œuvre monstrueuse est inachevée. Elle devait être surmontée d'une flèche de deux cent soixante pieds de haut, ce qui lui eût fait passer de plus de cent pieds la grande pyramide de Giseh. Les hollandais en ont été jaloux, une tradition du pays dit que ce sont eux qui ont emporté en Hollande les pierres destinées à parfaire la grande tour.

A chaque face de cette tour, il y a un cadran de fer doré de quarante-deux pieds de diamètre. Tout cet énorme édifice est habité par une horloge; les poids montent, les roues tournent, les pendules vont et viennent, le carillon chante, c'est de la vie, c'est une âme.

Le chant du carillon se compose de trente-huit cloches, toutes frappées de plusieurs marteaux, et des six gros bourdons de la tour qui font les basses. Ces six bourdons sont d'accord, excepté le maître bourdon, qui est maintenant fêlé, et qui pèse dix-huit mille huit cents livres. La plus petite de ces six cloches pèse trois mille quatre cents. Le cylindre de cuivre du carillon pèse cinq mille quatre cent quarante-deux livres. Il est percé de seize mille huit cents trous d'où sortent les becs de fer qui vont mordre d'instant en instant les fibres du carillon.

A de certains jours, un homme s'assied là à un clavier que j'ai vu, comme Didine se met au piano, et joue de cet instrument. Figure-toi un piano de quatre cents pieds de haut qui a la cathédrale tout entière pour queue.

J'admire, depuis que je suis en Flandre, la ténuité et la délicatesse des meneaux de pierre auxquels s'attachent les verrières des fenêtres. Cette cathédrale de Malines a une vraie chemise de dentelle.

A Malines, le chemin de fer passe. Je suis allé le voir. Il y avait là dans la foule un pauvre cocher de coucou, picard ou normand, lequel regardait piteusement les wagons courir, traînés par la machine qui fume et qui geint. — Cela va plus vite que vos chevaux, lui dis-je. — Beau miracle, m'a répondu cet homme! *c'est poussé par une foudre.* — Le mot m'a paru pittoresque et beau.

Outre les wagons, ils ont ici une espèce de voiture singulière. C'est une brouette avec un chien devant et une femme derrière. Le chien tire, la femme pousse.

Je suis toujours dans le plus profond incognito, ce qui me plaît beaucoup. Je viens de lire dans un journal belge que *M. Victor Hugo visite en ce moment Rochefort.*

Après-demain je serai à Anvers et j'aurai tes lettres. J'aurai de vos nouvelles à tous. Ce sera bien de la *joie.* Depuis deux jours, je me retiens, car je touche à Anvers, et je brûle d'y être. Mais je ne veux rien laisser derrière moi. Il y a deux Rubens admirables à Malines, et j'en vais voir d'autres à Lier et à Turnhout. Je t'embrasse, mon Adèle, ainsi que ton père et nos chers petits. Je vous aime tous. Je continue à cuire au soleil.

N'oublie pas que c'est désormais à Dunkerque, *poste restante*, qu'il faut m'écrire.

VI

ANVERS

Anvers, 22 août, 4 heures du soir.

Je viens, mon Adèle, de relire ta lettre du 14, bien heureux de la trouver si bonne, et bien triste de la trouver seule. C'est une vraie joie pour moi de savoir qu'il y a du bonheur autour de toi. La lettre de Didine est bien gentille aussi, et je compte en trouver encore une, et plusieurs de toi, à Dunkerque. La poste de France arrive ici à quatre heures et demie. Je ne quitterai pas Anvers sans aller y voir encore une fois. Peut-être une bonne lettre de toi m'arrivera-t-elle, elle serait bien venue.

Je suis arrivé hier ici à dix heures du matin. Depuis ce moment je cours d'église en église, de chapelle en chapelle, de tableau en tableau, de Rubens en Van Dyck. Je suis épuisé d'admiration et de fatigue. Ajoute à cela que je suis monté sur le clocher, six cent seize marches, quatre cent soixante-deux pieds, la plus haute flèche du monde après Strasbourg. C'est tout à la fois un édifice gigantesque et un bijou miraculeux. Un titan pourrait y habiter, une femme voudrait l'avoir à son cou.

J'ai vu de là tout Anvers, une ville gothique comme je les aime, et l'Escaut, et la mer, et la citadelle et la fameuse lunette Saint-Laurent. C'est une pointe de gazon avec deux petites maisons rouges au bout.

Cette ville est admirable. Des peintures dans les églises, des sculptures sur les maisons, Rubens dans les chapelles, Verbruggen sur les façades; l'art y fourmille. On recule pour admirer le portail de l'église, on se heurte à quelque chose, on regarde, c'est un puits, un puits magnifique, en pierre sculptée et en fer ciselé, avec des statuettes et des figurines. De qui est ce puits? De Quentin Metzis. On se retourne. Qu'est-ce que c'est que cet immense édifice avec cette belle devanture de la Renaissance? C'est l'hôtel de ville. On fait dix pas. Qui a dessiné cette grande façade rococo si flambante et si riche? C'est Rubens. Toute la ville est ainsi.

J'excepte le quartier neuf, qui est bête ici comme partout ailleurs et qui prend des airs de rue de Rivoli.

Je suis réconcilié avec les chemins de fer; c'est décidément très beau. Le premier que j'avais vu n'était qu'un ignoble chemin de fabrique. J'ai fait hier la course d'Anvers à Bruxelles et le retour.

Je partais à quatre heures dix minutes et j'étais revenu à huit heures un quart, ayant dans l'intervalle passé cinq quarts d'heure à Bruxelles et fait vingt-trois lieues de France.

C'est un mouvement magnifique et qu'il faut avoir senti pour s'en rendre compte. La rapidité est inouïe. Les fleurs du bord du chemin ne sont plus des fleurs, ce sont des taches ou plutôt des raies rouges ou blanches; plus de points, tout devient raie; les blés sont de grandes chevelures jaunes, les luzernes sont de longues tresses vertes; les villes, les clochers et les arbres dansent et se mêlent follement à l'horizon; de temps en temps une ombre, une forme, un spectre, debout, paraît et disparaît comme l'éclair à côté de la portière; c'est un garde du chemin qui, selon l'usage, porte militairement les armes au convoi. On se dit dans la voiture : C'est à trois lieues, nous y serons dans dix minutes.

Le soir, comme je revenais, la nuit tombait. J'étais dans la première voiture. Le remorqueur flamboyait devant moi avec un bruit terrible, et de grands rayons rouges, qui teignaient les arbres et les collines, tournaient avec les roues. Le convoi qui allait à Bruxelles a rencontré le nôtre. Rien d'effrayant comme ces deux rapidités qui se côtoyaient, et qui, pour les voyageurs, se multipliaient l'une par l'autre. On ne se distinguait pas d'un convoi à l'autre; on ne voyait passer ni des wagons, ni des hommes, ni des femmes, on voyait passer des formes blanchâtres ou sombres dans un tourbillon. De ce tourbillon sortaient des cris, des rires, des huées. Il y avait de chaque côté soixante wagons, plus de mille personnes ainsi emportées, les unes au nord, les autres au midi, comme par l'ouragan.

Il faut beaucoup d'efforts pour ne pas se figurer que le cheval de fer est une bête véritable. On l'entend souffler au repos, se lamenter au départ, japper en route; il sue, il tremble, il siffle, il hennit, il se ralentit, il s'emporte; il jette tout le long de sa route une fiente de charbons ardents et une urine d'eau bouillante; d'énormes raquettes d'étincelles jaillissent à tout moment de ses roues ou de ses pieds, comme tu voudras, et son haleine s'en va sur nos têtes en beaux nuages de fumée blanche qui se déchirent aux arbres de la route.

On comprend qu'il ne faut pas moins que cette bête prodigieuse pour traîner ainsi mille ou quinze cents voyageurs, toute la population d'une ville, en faisant douze lieues à l'heure.

Après mon retour, il était nuit, notre remorqueur a passé près de moi dans l'ombre se rendant à son écurie, l'illusion était complète. On l'entendait gémir dans son tourbillon de flamme et de fumée comme un cheval harassé.

Il est vrai qu'il ne faut pas voir le cheval de fer; si on le voit, toute la poésie s'en va. A l'entendre c'est un monstre, à le voir ce n'est qu'une machine. Voilà la triste infirmité de notre temps; l'utile tout sec, jamais le beau. Il y a quatre cents ans, si ceux qui ont inventé la poudre avaient inventé la vapeur, et ils en étaient bien capables, le cheval de fer eût été autrement façonné et autrement caparaçonné : le cheval de fer eût été quelque chose de vivant comme un cheval et de terrible comme une statue. Quelle chimère magnifique nos pères eussent faite avec ce que nous appelons la chaudière ! Te figures-tu cela ? De cette chaudière ils eussent fait un ventre écaillé et monstrueux, une carapace énorme ; de la cheminée une corne fumante ou un long cou portant une gueule pleine de braise ; et ils eussent caché les roues sous d'immenses nageoires ou sous de grandes ailes tombantes ; les wagons eussent eu aussi cent formes fantastiques, et, le soir, on eût vu passer près des villes tantôt une colossale gargouille aux ailes déployées, tantôt un dragon vomissant le feu, tantôt un éléphant la trompe haute haletant et rugissant ; effarés, ardents, fumants, formidables, traînant après eux comme des proies cent autres monstres enchaînés, et traversant les plaines avec la vitesse, le bruit et la figure de la foudre. C'eût été grand.

Mais nous, nous sommes de bons marchands bien bêtes et bien fiers de notre bêtise. Nous ne comprenons ni l'art, ni la nature, ni l'intelligence, ni la fantaisie, ni la beauté, et ce que nous ne comprenons pas, nous le déclarons inutile du haut de notre petitesse. C'est fort bien. Où nos ancêtres eussent vu la vie, nous voyons la matière. Il y a dans une machine à vapeur un magnifique motif pour un statuaire ; les remorqueurs étaient une admirable occasion pour faire revivre le bel art du métal traité au repoussoir. Qu'importe à nos tireurs de houille ! Leur machine telle qu'elle est dépasse déjà de beaucoup la portée de leur lourde admiration. Quant à moi, on me donne Watt tout nu, je l'aimerais mieux habillé par Benvenuto Cellini.

A propos, je te note ici, pendant que j'y songe, qu'il y a dans le clocher d'Anvers quarante cloches en bas et quarante-deux en haut, en tout quatre-vingt-deux cloches ! Figure-toi le carillon qui sort de cette ruche.

Lier, où j'ai terminé ma dernière lettre, est une assez jolie ville. J'ai dessiné le clocher de l'hôtel de ville, qui est charmant.

De Lier à Turnhout le pays change d'aspect : ce n'est plus la Flandre verte ; c'est un banc de sable, une route cendreuse et pénible, une herbe maigre, des forêts de pins, des bouquets de petits chênes, des bruyères, des flaques d'eau çà et là, quelque chose de sauvage et d'âpre, une espèce de Sologne. J'ai fait quatre lieues dans ce désert sans voir autre chose qu'un trappiste qui défrichait, triste laboureur d'un triste sillon. C'était beau d'ailleurs par la pensée de voir cette robe blanche et ce scapulaire noir pousser deux bœufs.

La solitude était telle que les grives et les alouettes traversaient familièrement la route. Une jolie bergeronnette a suivi la voiture pendant un quart d'heure, sautant d'arbre en arbre, vive et joyeuse, et s'arrêtant de temps en temps pour piquer une mouche au pied de quelque jeune chêne.

Je suis resté longtemps les yeux fixés sur ce trappiste. La lande était immense et aride comme une plaine de la Vieille-Castille ; la terre rousse et brûlée par le soleil faisait çà et là à l'horizon de ces petites dentelures brusques qui figurent des marches d'escalier ; pas un clocher au loin, à peine un arbre. La route était bordée à cet endroit-là de quelques chênes morts. Le religieux était assisté d'un paysan qu'il enseignait avec un geste grave et rare. Sans prendre garde à nous autres passants, de temps en temps il se retournait, et le soleil couchant dessinait vivement par les ombres et par les clairs sa figure austère et sereine. Je ne sais si cet homme pensait, mais je sais qu'il faisait penser.

A quelques lieues de là, passant près de je ne sais quelle bourgade et revenu cette fois dans la belle Flandre, j'ai remarqué un grand peuplier desséché au milieu d'une petite place à l'entrée du village. On m'a dit que c'était un arbre de la constitution. J'en suis fâché pour la constitution, mais cela faisait un piteux effet. Rien de plus chétif que cette idée politique plantée au milieu des paysages. Rien de misérable et d'effronté en même temps comme ce témoignage rendu à la petite puissance de l'homme en présence de la nature et de Dieu. D'un côté, des forêts, des plaines, des collines, des rivières, des nuages, la terre et le ciel ; de l'autre, une méchante perche desséchée qu'on est obligé d'étayer contre le vent.

Et puis quelles idées cela fait venir ! Il y avait un arbre qui avait une racine, des branches et des feuilles, qui était vert et vivant ; on a pris cet arbre, on lui a coupé sa racine, les feuilles sont tombées, les branches sont mortes, et l'on a été bêtement le replanter dans un sol qui n'est pas le sien. Fidèle symbole de tant de constitutions modernes qui ne sont ni du passé, ni de l'avenir, ni du climat.

A propos de climat, j'ai quelque peine à me faire à celui-ci. C'est une espèce d'été fort lourd et fort épais, et où l'on respire comme une vapeur de bière. Je suis écrasé par ces chaleurs flamandes.

Je ne m'accoutume pas non plus à ce qu'on boit ici. Rien de nauséabond comme ce faro et ce lambic. Je fais décidément peu de cas du vin de Flandre et du vin de Normandie. J'aime mieux le cidre de Bourgogne et la bière de Bordeaux.

Leurs puits sont singuliers. Ils puisent l'eau avec une grue. Il est assez curieux de les voir tirer un seau de la citerne comme Archimède enlevait les navires de la mer au siége de Messine.

Tu vois, chère amie, comme je bavarde avec toi. Je te dis tout, et je retire ainsi une seconde joie des choses que je vois. J'ai fait tout ce que ma bourse m'a permis de faire de ta commission. Je te rapporte une demi-douzaine de bas anglais qu'on m'a dit fort beaux. J'ai acheté aussi des chaussettes pour moi. Il paraît qu'un homme ne pourrait sous aucun prétexte faire passer une robe à la frontière. Il ne pourrait exciper de son usage personnel et la douane saisirait. C'est ce qui m'a empêché de t'acheter la robe que tu désirais.

J'ai oublié de te dire que j'ai acheté pour trente sous à Bruxelles une contrefaçon des *Voix intérieures*. Je suis curieux de voir si elle passera. Je me suis vu affiché partout à Bruxelles et à Anvers, et imprimé dans tous les formats.

Au moment où j'achève cette page, j'entends le carillon du grand clocher qui m'avertit de fermer cette lettre. C'est vraiment, à part cela, une musique charmante. Il faut que cette flèche si frêle en apparence ait une solidité énorme. Cela sonne ainsi nuit et jour huit fois par heure depuis trois cents ans.

6 heures du soir.

Je reviens de la poste. Pas de lettres. Je ne t'en embrasse pas moins tendrement, mon Adèle, mais tu me dédommageras à Dunkerque, n'est-ce pas? Embrasse ton père et nos chers petits. Mille amitiés à nos amis. Je pars pour Gand.

VII

A LOUIS BOULANGER

Anvers, 22 août 1837.

Je vous écris d'Anvers, cher Louis, c'est tout vous dire; je suis en pleine Flandre, à même les cathédrales, les Rubens et les Van Dyck. C'est un admirable pays.

Hier j'étais au haut de la flèche de cette merveilleuse cathédrale, et je pensais à vous. Je pense à vous toutes les fois qu'une chose contient un tableau ou une pensée.

Je voyais, du même regard, devant moi la mer et Flessingue à vingt-deux lieues, à gauche la Flandre et les tours de Gand, à droite la Hollande et la flèche de Bréda, derrière moi le Brabant et le clocher de Malines; puis l'Escaut, large et brillant au soleil, et, entre la mer et l'Escaut, les polders inondés, une prairie de cinq lieues de tour changée en lac, à droite une autre prairie toute verte et scintillante de maisons blanches; à mes pieds les quelques toits de la tête de Flandre bloqués par l'eau; sous moi Anvers, qui est, au dix-neuvième siècle, comme était Paris au seizième, un amas magnifique d'églises et d'hôtels, de toits taillés, de pignons contournés, de clochers carrés et pointus, avec mille accidents de tourelles et de façades étranges; de grosses vieilles maisons amusantes, qui sont la Boucherie, qui sont la Draperie, qui sont la Bourse; un devant d'hôtel de ville qui ressemble à une architecture de Paul Véronèse, un portail d'église qui ressemble à un fond de Rubens et qui est de Rubens; mille voiles sur l'Escaut, dans un coin du paysage le chemin de fer où disparaissait un convoi de wagons, près du chemin de fer une grande étoile de gazon couchée à plat sur le sol qui est la citadelle, enfin au-dessus de tout cela un ciel de nuages déchiquetés comme dans Albert Dürer avec un beau rayon de pluie qui tombait au loin; voilà ce que je voyais hier, en regrettant que vous ne le vissiez pas.

Et puis, en descendant de l'église, à chaque pas, des Rubens, des Martin de Vos, des Otto Vénius, des Van Dyck: des sculptures de Verbruggen et de Willemsens, de grands confessionnaux de chêne, d'immenses chapelles de marbre, des chaires qui sont des poèmes. J'ai vu là la *Descente de croix* de Rubens, cette merveille.

Tout cela, il faut le dire, est honteusement exploité. Les bedeaux cachent le plus de tableaux qu'ils peuvent pour faire payer trente sous aux étrangers. En attendant, le maître reste dans l'ombre. Il y a en ce genre à l'église Saint-Jacques, où est le tombeau de Rubens, un drôle qui est suisse de l'église et qui mériterait être fustigé en place publique. Ce misérable dispose de Rubens à sa guise, le cache ou le montre, le prête ou le retire, le tout à son gré, sans contrôle, insolemment, souverainement, absolument. C'est odieux.

Le doyen de la cathédrale, un certain M. Lawez, a fait couvrir d'une serge, sous prétexte d'indécence, un *Jugement dernier* qui est le meilleur tableau de Backers. Impossible de faire lever cette serge. Voilà un stupide doyen, n'est-ce pas?

Je songe souvent à vous, Louis, dans ce pays qui vous plairait tant. Avant-hier, j'étais à Turnhout, une petite ville qui est par là vers le nord. Je me promenais, le soleil était couché. Tout à coup, au détour d'une petite rue déserte, je me suis trouvé dans la campagne. Il y avait à quelque distance une grosse vieille tour vers laquelle j'ai marché. C'était vraiment beau. Une vieille tour carrée en brique, haute, énorme, massive, cordonnée près du sommet d'une petite dentelure byzantine, adossée à un vieux château refait et gâté, mais le couvrant de son ombre et ayant du reste conservé, elle, sa forme exquise et sévère. Au pied de la tour miroitait un fossé d'eau vive dans lequel sa hauteur se doublait. Toutes les fenêtres étaient masquées de barreaux de fer. C'était une prison.

Je me suis arrêté longtemps près de cette sombre masse que le crépuscule noircissait à chaque instant.

Il sortait d'une des fenêtres d'en haut un chant plein de tristesse et de douceur. Je me souvenais d'en avoir entendu un aussi mélancolique et aussi grave au Mont-Saint-Michel, l'an dernier. Comme c'était la kermesse d'août, il y avait au loin dans la ville un bruit de danses et de rires. Le chant du prisonnier coupait cela sans dureté et sans colère.

Le jour s'éteignait à l'occident, les roseaux du fossé frissonnaient, de temps en temps un gros rat passait rapidement sur la saillie du pied de la tour. Et puis le fond du paysage était un vrai fond flamand, deux ou trois grosses touffes d'arbres, une vieille église rouge à pignon en-volutes, à grand toit et à petit clocher, un hameau très bas fumant à côté, une plaine immense et noire, un ciel clair, pas un nuage. Je n'ai jamais rien vu de plus austère et de plus doux.

Mais je me laisse aller à causer avec vous, mon bon Louis, et il n'y a pas de raison pour que cette lettre finisse, surtout si je me mets à vous parler maintenant de ma vieille amitié, vous la connaissez bien, n'est-ce pas, Louis?

Je vous embrasse de toute mon âme.

VIII

GAND. — AUDENARDE. — TOURNAI

Audenarde, 24 août, 8 heures du soir.

Il semble, chère amie, que mes imprécations contre la chaleur de ce lourd pays aient fait effet. Comme je fermais ma dernière lettre, le ciel s'est couvert et m'a gratifié de la pire des pluies, la pluie fine et froide qui embrasse tout l'horizon et dure toute la journée.

Pour aller d'Anvers à Gand, il faut traverser l'Escaut. Comme les polders sont inondés, et cela depuis neuf mois, le trajet par eau est plus long, et le bateau à vapeur vous mène prendre un chemin de traverse soudé à la route de Gand une demi-lieue au-dessus de la Tête-de-Flandre. Tu penses bien que je n'ai pas été fâché de cette petite promenade presque en mer. Malgré la pluie, je suis resté sur le pont, écoutant vaguement s'éloigner le chant des matelots qui allaient en mer, et regardant la haute flèche d'Anvers disparaître dans la brume.

Je n'ai fait que passer à Gand (mais je compte y revenir quand j'aurai vu Tournai et Courtrai).

C'est une belle ville que Gand. Gand est à Anvers ce que Caen est à Rouen : une chose belle à côté d'une chose admirable. J'ai cependant pris le temps de visiter Saint-Bavon et, bien entendu, je suis monté sur la tour. Pour moi, il y a deux façons de voir une ville qui se complètent l'une par l'autre; en détail d'abord, rue à rue et maison à maison; en masse ensuite, du haut des clochers. De cette manière on a dans l'esprit la face et le profil de la ville.

Vue du haut de Saint-Bavon, c'est-à-dire de deux cent soixante-douze pieds de haut, et il faut monter quatre cent cinquante marches pour arriver là, Gand a sa configuration gothique presque aussi bien conservée qu'Anvers. La tour du beffroi, surmontée d'un énorme griffon doré, a pour toit un fort amusant entassement de clochetons, de lucarnes et de girouettes. A côté il y a une vieille et noire église, Saint-Nicolas, dont la façade, presque romane, est admirable. C'est une grande église sévère, flanquée de deux tourelles crénelées du plus grand style. Un peu plus loin, c'est Saint-Michel qui, comme Saint-Nicolas, se présente par l'abside. Deux ou trois autres églises pyramident plus loin encore au milieu des toits taillés en escaliers. En se retournant, c'est Saint-Jacques, qui a trois aiguilles, dont une en pierre et deux en ardoise. A côté, une belle place à hauts pignons coupés de deux vieux logis de pierre du quatorzième siècle, avec tourelles et grands toits. Celui qui est au milieu du petit côté de la place était la maison des comtes de Flandre. Cette place est le marché aux toiles. Et puis il y a une foule d'autres marchés pittoresques, des couvents, de petits carrefours tortus, enclos de maisons crénelées qui ont toutes sortes d'attitudes et brisent leurs lignes les unes sur les autres d'une façon charmante; et puis un toit immense qui couvre une grande nef austère du quatorzième siècle sans tour ni clocher, c'est l'église des Dominicains. En ce moment-là, plusieurs moines y entraient avec leur admirable costume, la robe blanche et le scapulaire noir. A mes pieds l'hôtel de ville avec ses deux façades l'une du temps de Louis XIII, l'autre du temps de Charles VIII, l'une sévère, l'autre ravissante.

Ajoute à cela hors de la ville un immense horizon de prairies et dans la ville une multitude de petits ponts et de cours d'eau où les maisons se baignent; et tu auras quelque idée de Gand à vol d'oiseau.

C'est vraiment une belle ville; quatre rivières s'y rencontrent, l'Escaut, la Liève, la Moer et la Lys. C'est un réseau d'eau vive qui se noue et se dénoue à tout moment à travers les maisons et qui partage la ville en vingt-six îles; ce qui fait qu'avec ses barques, ses innombrables ponts, ses vieilles façades trempées dans l'eau, Gand est une espèce de Venise du Nord.

Précisément au pied de la cathédrale, dans un pâté de lourdes maisons flamandes, mon guide m'a fait remarquer une jolie cour-jardin, coquette, verte et sablée, entourée d'un portique du dernier siècle, tout rocaille et chicorée, avec colonnade et statues de marbre bleu. Cette maison et ce jardin sont de l'aspect le plus frais et le plus gai; c'était le logis de ce vieux millionnaire Maës qui a fini si misérablement assassiné il y a deux ans et qui remplissait d'or ses vieux chapeaux. — Maintenant on bâtit chez lui, on ajoute un étage à sa maison, la joie et la richesse sont là. Je n'ai jamais plaint ce vieux homme.

Il y a beaucoup de façades rocaille à Gand parmi les pignons gothiques, et des plus tourmentées, ce qui les fait passer. Le rococo n'est supportable qu'à la condition d'être extravagant.

Mais est-ce que tout ce bavardage ne t'ennuie pas, ma pauvre bien aimée? Je cause avec toi comme si j'étais au coin de notre feu de la place Royale. Je te conte tout. Je te mets le plus que je peux de mon voyage. Avertis-moi, mon Adèle, si mon récit ne t'amuse pas.

Voici qui te fera rire pourtant. Tout à l'heure, en sortant de Gand, entre Gand et Audenarde, j'ai vu dans un village une enseigne d'auberge où était peinte la figure d'un homme coiffé à la Titus, avec de gros favoris, des épaulettes d'or, un uniforme bleu à revers blancs et la croix de Léopold au cou. Au bas il y avait cette inscription : *Louis XIV, roi de France.* Je dis la chose comme elle est, je n'invente rien.

On ne rencontre dans ce pays ni manoirs, ni donjons, ni châteaux. On voit que c'est le pays des communes et non des seigneurs, des bourgeoisies et non des châtellenies. En revanche, il y a partout des hôtels de ville, charmantes fleurs de pierre, que le quinzième siècle surtout à fait épanouir avec splendeur au milieu des villes.

Ici, par exemple, à Audenarde, où je t'écris, et qui n'est qu'une petite ville, je vois de ma fenêtre de l'hôtel du Lion d'or le profil d'une ravissante maison de ville du gothique le plus fleuri, couronnée d'une vraie couronne de pierre que surmonte un géant armé et doré portant le blason de la ville.

Toute la place que j'ai sous les yeux est charmante, quoiqu'elle ait conservé trop peu de ses vieux pignons. Devant la façade de l'hôtel de ville il y a une fort jolie fontaine de 1676. Le duc de Saint-Simon n'avait qu'un an lorsqu'on l'a construite. A côté de la fontaine un beau peuplier; et puis, là-bas, au-dessus des maisons, un beau clocher de gothique austère. Le soleil couchant fait de beaux angles d'ombre dans tout cela.

Ils ont en Flandre la sotte habitude de fermer toutes les églises à midi. Passé midi on ne prie plus. Le bon Dieu peut s'occuper d'autre chose. Cela fait que des

deux églises d'Audenarde je n'ai pu visiter que la moindre, qui est encore fort remarquable avec son abside romane. Il y a deux beaux tombeaux indignement mutilés. J'ai été obligé, pour les voir, de franchir un bataillon de vieilles femmes, lesquelles lavaient l'église et venaient en bougonnant éponger le pavé jusque sous mes pieds. J'ai eu la satisfaction de faire sortir de leurs bouches diverses imprécations flamandes que j'ai laissées paisiblement voltiger dans l'église.

Les braves dames flamandes continuent de justifier ce que je t'en disais. Elles consacrent vingt-quatre heures de la journée à laver leur maison, et la vingt-cinquième à se laver elles-mêmes. Du reste, elles sont pour la plupart fort jolies, presque toutes blanches avec des cheveux noirs, comme toi, mon Adèle chérie. Le dimanche elles mettent un fort beau bonnet de dentelles d'une forme charmante. A Lier, elles le soutiennent d'une espèce de ruban d'épingles fort singulier et fort joli. Il va sans dire que je ne te parle ici que des paysannes. Les femmes de Bruxelles portent la faille, presque la mantille, ce qui les drape admirablement.

J'ai vu le gros canon de Gand dont je te fais ici un petit croquis.

C'est un énorme tube, fait en lames de fer forgé, un vrai engin du quinzième siècle. Ceux de Gand en ont fort peu de soin. Ils l'ont juché sur trois façons d'assises rococo sculptées en guirlandes, et toute la gueule de la bombarde n'est qu'un réceptacle d'ordures. Ce canon a dix-huit pieds de long et pèse trente-six mille livres. On distingue très bien, dans l'intérieur, les cannelures que font les lames de fer. La bouche a deux pieds et demi de diamètre. Cela jetait de gros boulets de granit ou des tonneaux de mitraille. C'est énorme.

Ce n'est rien cependant à côté de ces bombardes de Mahomet II que traînaient quatre milles hommes et deux mille jougs de bœufs, et qui vomissaient d'immenses blocs de rochers. C'étaient des espèces de volcans que le Turc penchait sur Constantinople.

Il y a de beaux tableaux à Saint-Bavon; deux surtout, l'un de Rubens, l'autre de Jean van Eyck, l'inventeur de la peinture à l'huile. Celui de Rubens, qui représente l'admission de saint Amand au monastère de Saint-Bavon, est admirable. Le groupe d'en bas est de la plus superbe tournure. L'autre, d'un style tout différent, n'est pas moins merveilleux. Van Eyck est aussi calme que Rubens est violent. Il y a encore une belle peinture d'un élève de Van Eyck et une autre, belle de même, du maître de Rubens. Ces quatre peintres font une sorte d'escalier par lequel il est curieux de descendre, d'époque en époque, ou pour mieux dire de monter, de Van Eyck à Rubens. Nous connaissons à peine à Paris cet Otto Venius, qui a été le maître de Rubens. Chose remarquable! c'est aussi un peintre calme.

Au reste, chacune de ces églises flamandes est un musée. J'y voudrais voir notre bon et cher Boulanger.

A part cela, j'aime mieux nos églises de France. Décidément, *celles-ci sont trop propres*. La propreté excessive, en fait de monuments, est un grand défaut. D'abord elle entraîne le badigeonnage, cette suprême saleté, et puis le frottage, et puis le lavage perpétuel. Or la couleur des siècles est toujours belle et la poussière du jour l'est quelquefois. L'une est la trace des générations, l'autre est la trace de l'homme. Tout est blanc, luisant, poli, épongé, miroitant, dans les églises belges. A chaque pas, l'opposition dure et criarde et prodiguée partout du marbre blanc et du marbre noir. Fort peu de ces belles teintes grises et moisies de nos vieilles cathédrales. Pas de vitraux. Briser les vitraux et badigeonner les églises, souvent aussi jeter bas les jubés, voilà de quoi se compose la dévastation propre aux prêtres. Ils veulent à toute force être vus; pour cela il faut blanchir les vitres, blanchir les murs et renverser les jubés. O coquetterie, où vas-tu te nicher?

Depuis que je suis en Belgique, je n'ai vu que deux ou trois jubés, et encore cruellement peinturlurés, deux ou trois verrières, deux églises seulement non badigeonnées, Sainte-Waudru de Mons et la chapelle de Bruxelles.

En Belgique, point de ces beaux portails encombrés d'admirables statues, comme à Chartres, comme à Reims, comme à Amiens. Les portails des plus belles cathédrales n'ont pas une seule figure sculptée. C'est étrange. Il est vrai qu'une flèche comme celle d'Anvers rachète bien des choses. Quelle magnifique œuvre! C'est de l'orfévrerie autant que de l'architecture. Et je fais cas d'une orfévrerie qui a cinq cents pieds de haut.

Tournai, 26 août.

La diligence avait interrompu ma lettre. C'est à Tournai, mon Adèle, que je la finis. La route d'Audenarde ici est une prairie sans fin, coupée de verdures et de petites rivières. On voit à gauche la charmante colline qui masque le cours de l'Escaut.

Tournai doit tenir son nom des tours dont elle est couverte. La cathédrale seule a cinq clochers. C'est une des plus rares églises romanes que j'aie vues. Il y a dans l'église un admirable *Jugement dernier* de Rubens, et un magnifique reliquaire d'argent doré, énorme, massif, et travaillé en bijou. Les deux portails latéraux de l'église sont du byzantin le plus beau et le plus curieux. Toute cette ville est d'un immense intérêt.

Hier au soir, comme c'était la Saint-Louis, le beffroi, superbe tour presque romane, était illuminé de lanternes de couleur, bariolage charmant et lumineux que commentait le carillon le plus bavard et le plus amusant du monde. Une symphonie de lanciers belges répondait de la place d'armes à ce vacarme aérien. Toutes les cloches étaient en mouvement, et toutes les femmes aussi. Toute cette vieille ville, ainsi livrée à ce joyeux babil de fête, était ravissante à entendre et à voir. Je me suis promené longtemps dans une rue sombre, regardant les cinq aiguilles géantes de la cathédrale, qu'éclairait vaguement la réverbération du beffroi illuminé.

Je pensais à notre place Royale, à tous nos amis, à toi surtout, mon Adèle, et à nos enfants bien-aimés. Je vous aurais tous voulus là en ce moment. Oh! va, le jour *où nous éprouverons toutes ces émotions* ensemble sera un beau jour pour moi, crois-moi bien, mon pauvre ange, et aime-moi. J'embrasse ma Didine, mon Charlot, et puis Toto et puis Dédé. J'espère que tous sont toujours bons et heureux. Je serre la main à ton excellent père.

IX

TOURNAI. — YPRES

Courtrai, 27 août, 7 heures du soir.

Hier, j'étais à Tournai, je suis parti, j'ai traversé Courtrai, j'ai vu Menin, j'ai visité Ypres, et je reviens à Courtrai. Tu le vois, chère amie, je vais et je viens, je ne veux laisser échapper aucune de ces vieilles villes. Partout où il y a une cathédrale, un hôtel de ville ou un Rubens, j'accours. Cela me fait faire des zigzags sans fin. Mon voyage dessine à travers la Belgique une extravagante arabesque. C'est que, dans ce pays-ci, de six lieues en six lieues il y a une ville comme on en trouve en France toutes les soixante lieues.

Avant de quitter Tournai, j'ai été revoir la cathédrale, qui est vraiment d'une rare beauté. C'est une église romane presque comparable à celle de Noyon, un ravissant jubé de la Renaissance tout en marbre de diverses couleurs, avec deux étages de bas-reliefs, l'un de l'Ancien, l'autre du Nouveau Testament, lesquels s'expliquent fort curieusement, ceux d'en bas par ceux d'en haut, le symbole par le fait, la prophétie par l'accomplissement, Isaac portant le bois de son bûcher par Jésus portant sa croix, Jonas dévoré par la baleine et revomi au bout de trois jours par Jésus descendant au tombeau et en ressortant aussi le troisième jour, etc. Tout ce jubé est fouillé du ciseau le plus tendre et le plus spirituel.

C'est une antique ville que Tournai. Presque toutes les églises sont du onzième au treizième siècle. J'y ai vu des maisons romanes. Te rappelles-tu, mon Adèle, celle que nous vîmes ensemble à Tournus dans ce beau voyage de 1825 qui est le plus doux souvenir de ma vie ?

Mais je reprends mon journal. Au portail nord de la cathédrale de Tournai qui est roman, il y a une singularité que je n'ai vue que là. Ce sont deux fenêtres à plein cintre fermées que le sculpteur a figurées dans la pierre. Les volets avec leurs ferrures et leurs verrous sont fort soigneusement travaillés. Du reste, ce portail est dans un état de délabrement déplorable. Le gros clocher qui monte à gauche se lézarde du haut en bas.

Je ne te parle que d'architecture, chère amie, car vraiment mes aventures sont nulles, et les conversations de table d'hôte sont partout les mêmes. — Comprenez-vous M. Raymond ? il s'obstine à jouer aux dominos ! Il perd chaque fois, ce qui fait qu'il paie l'estaminet tous les soirs à trois personnes. — On vend à Liège des redingotes à vingt-cinq francs, en drap. — En drap ! est-il possible ? — En vérité, oui, du drap de Luxembourg à trois francs soixante-quinze, cinq aunes, dix-huit francs quinze sous, doublure et fournitures, deux francs, vingt francs quinze, façon, deux francs, vingt-deux francs quinze, commission, cinq sous, vingt-trois francs, deux francs de bénéfice, et allez ! — Etc. — Voilà ma conversation d'hier au soir à Menin.

Menin a des souvenirs. Elle a eu l'honneur d'être assiégée par Louis XIV. Voilà tout. C'est une femme laide et commune qui a eu par hasard un bel amoureux. Rien du reste de remarquable sur la façade des maisons ni sur la face des habitants. J'y ai retrouvé de ces brouettes de Bruxelles tirées par un chien et poussées par une femme. Le sire de Canaples, qui craignait tant les puces pour les chiens, n'eût pas attaché les siens à ces baquets-là.

Je dessine, je rêve et j'étudie, laissant parler les belges autour de moi. J'admire comme ils parlent flamand en français. Ils ont un *n'est-ce pas ?* qu'ils mettent à toute sauce. Les femmes disent ce *n'est-ce pas* avec beaucoup de grâce. Elles sont décidément fort jolies en général. Mais il paraît que les plus belles sont celles de Bruges. Un stupide livre que j'ai acheté et qui s'intitule *le Guide du voyageur en Belgique et en Hollande* appelle les femmes de Bruges *les Circassiennes de la Belgique.*

On vit assez bien dans les auberges, à la bière près. Pourtant ils ont la rage de mettre du sucre et de la farine dans tout. Vous demandez une omelette, résignez-vous à du flan.

A Tournai, comme à Bruxelles, comme à Anvers, comme à Gand, les modes de Paris, les marchandises de Paris, et même, on dirait, les marchands de Paris, s'étalent dans les boutiques qui, là aussi, s'appellent magasins.

Je me promenais le soir dans les rues croyant avoir devant les yeux les étincelantes devantures des boulevards parisiens. Les étranges maisons ! Du seizième siècle par le toit et de la rue Vivienne par la boutique ; sombres et tragiques par une moitié, fades et bêtes par l'autre ; le rez-de-chaussée lit *le Constitutionnel*, le grenier lit la *Bible* ; en bas c'est M. Ternaux, en haut c'est Philippe II ; en bas le gaz rit et flamboie dans le magasin à grandes vitres, levez les yeux et vous croirez voir trembler encore confusément sur le vieux pignon le rouge reflet des bûchers du duc d'Albe.

Je faisais, moi, sur ces métamorphoses, cent réflexions amères qui te paraîtront tragi-comiques. — C'est bien la peine d'être une maison du seizième siècle pour faire une pareille fin ! commencer par un fronton de la Renaissance et finir par une boutique du Palais-Royal ! être, près du ciel, un pignon taillé en escalier ou sculpté en volutes et, près du ruisseau, un magasin de guingamps et de cotonnades ! quelle dégradation ! comment a pu aboutir à quelque chose de si misérable une façade *formosa superne ?*

Ceci, chère amie, est du latin d'Horace, qui échoit naturellement à Charlot.

Si ces réflexions se peignaient sur mon visage, elles devaient bien égayer les braves bourgeois brabançons. Car, pour le bourgeois de tout pays, la boutique blanchie, la grande vitre et le comptoir d'acajou sont un progrès. Passe pour les boutiques, pourvu qu'on n'applique pas ce progrès aux églises. Or, elles ont déjà la vitre blanche, j'attends un de ces matins l'autel d'acajou.

Le badigeonnage belge a trois nuances : le gris, le jaune et le blanc. Il est tricolore, comme il convient à un état constitutionnel. Le blanc s'applique aux églises, le gris aux hôtels de ville, le jaune aux maisons de campagne et aux édifices de fantaisie où le belge vient folâtrer le dimanche. Je voyais tout à l'heure en arrivant à Ypres, à droite de la route, une façon de gros château qui avait l'air d'être taillé dans une motte de beurre. Le propriétaire, un bon flamand rond, l'admirait au milieu d'une couche de concombres parmi lesquels sa grosse figure s'épanouissait.

Le trajet de Menin à Ypres est fort agréable. Ce sont partout de ces gracieux petits enclos verts que les peintres flamands aiment tant. Et puis le chemin traverse un bois, et il est bordé çà et là de longues colonnades de ces beaux peupliers d'Italie dont l'écorce vous regarde passer avec de grands yeux. J'ai refait ce trajet au retour avec grand plaisir. Une route revue à l'envers, c'est presque une nouvelle route.

Ypres est une ville que j'aimerais habiter. On y trouve les maisons de bois mêlées aux maisons de brique. C'est une sorte de rencontre inattendue de la Flandre et de la Normandie.

L'hôtel de ville est une merveille. C'est un édifice gigantesque qui tiendrait tout un côté de la place Royale et qui n'est pas moins grand par le style que par la masse. Un charmant petit hôtel de la Renaissance s'accoude gracieusement à ce sévère palais du treizième siècle. — L'église est fort belle à étudier surtout. Elle est pleine de sculptures de la Renaissance et j'y ai vu un saint Martin de Rubens qui est une chose prodigieuse. Joins à cela cent maisons exquises dans la ville. Sur la façade de l'hôtel *de la Châtellenie* où j'ai déjeuné, il y a sept figures en médaillons qui sont admirables et qui représentent, avec les plus beaux traits humains du monde, les sept astres observés au seizième siècle : *Luna, Mercurius, Vénus, Sol, Mars, Jupiter, Saturnus*. A Ypres, comme dans toute la Belgique au reste, les maisons sont datées. J'aime cette mode. Sur une vieille façade, j'ai vu la date 1616, ainsi écrite :

Cela m'a fait songer à l'année de la mort de Shakespeare. Shakespeare est mort cette année-là, 1616, le 23 avril. Ce jour-là est mort aussi Michel Cervantes. Coïncidence remarquable. — Dieu a soufflé à la même heure ces deux flambeaux ; avec eux s'est éteinte, à l'aurore du dix-septième siècle, la dernière lueur du seizième.

Il y a à Courtrai une magnifique érection de la croix de Van Dyck. Le clocher de l'église principale est beau, quoique coiffé en beffroi. Avec deux tours sur un pont, c'est tout ce que j'ai remarqué dans la ville.

Au moment où je t'écris ceci, on tambourine sur la place le manége *du sieur Alfred, premier écuyer de monsieur Franconi*. Te figures-tu ce que peut être de sa personne *le sieur Alfred, premier écuyer de monsieur Franconi ?* — Je viens de faire un médiocre souper. — Demain, chère amie, je repars pour *Gand la superbe espagnole*, qui a fait faire un beau vers à Boileau.

GAND

28. — 6 heures du soir. — Gand.

Me revoici à Gand, mon Adèle. Comprends-tu cela? il fait froid maintenant! Je gèle le 28 août, j'étouffais le 25. La transition est brusque et le climat est bizarre.

Je viens de parcourir toute la ville, voyant et revoyant. La cathédrale (Saint-Bavon), dont je t'ai déjà parlé, a une crypte comparable à la crypte de Tournus que nous avons vue ensemble, tu t'en souviens peut-être. C'est un beau et noble souterrain. Van Eyck y est enterré. J'y ai trouvé çà et là des tombes brisées et profanées au temps du duc d'Albe. Les soupiraux jettent sur ces tombes un jour blafard qui se charge de brume en passant sous les piliers trapus du onzième siècle. Comme les lucarnes se croisent, il y a autour de chaque pilier de longs rayonnements de lumière vague et de grandes roues d'ombre. L'effet est sinistre.

J'admirais dans la haute église de gigantesques flambeaux de cuivre de la Renaissance. On m'a conté leurs aventures. Ces flambeaux étaient dans la cathédrale de Saint-Paul de Londres avant l'incendie de 1666. Ils ont appartenu à Charles Ier, Cromwell les a vendus à un évêque de Gand. Que de réflexions là dedans! Leur église est brûlée, leur maître est mort, leur vendeur est mort, leur acheteur est mort; eux ils sont restés parce qu'ils sont beaux, et on ne les remarque que pour leur beauté. L'histoire passe, l'art reste.

L'art est comme la nature, simple et profond, un et divers. Fouillez et refouillez une cathédrale, c'est touffu comme un bois. Sous la forêt d'arbres il y a la forêt d'arbustes, sous la forêt d'arbustes la forêt d'herbes, sous la forêt d'herbes la forêt de mousses; à toutes les profondeurs vous trouvez des beautés, et vous admirez l'architecte, le poète, le Dieu.

Et puis pour l'art rien n'est laid, rien n'est impur, c'est ce qu'on n'a pas encore voulu comprendre de nos jours. Les objets de la nature les plus repoussants lui donnent des motifs admirables. Nous estimons une araignée chose hideuse, et nous sommes ravis de retrouver sa toile en rosace sur les façades des cathédrales, et son corps et ses pattes en clef de voute dans les chapelles.

Gand est plein de maisons du plus beau goût. La plus remarquable est sur un quai. C'est une maison gothique de la dernière époque qui marque la transition du quinzième au seizième siècle. Un navire du temps est sculpté sur la porte. Ainsi on peut retrouver sur l'église de Tournai la serrurerie du onzième siècle, sur la maison de Gand la marine du seizième. L'art conserve tout.

En sortant de la ville par la porte d'Anvers, au milieu de quelques bastions de brique ruinés qui sont l'ancienne citadelle espagnole, on trouve les décombres de l'abbaye de Saint-Bavon. C'est un curieux débris, du quinzième et même du dix-huitième siècle par un bout, roman et romain par l'autre. Il y a dans le mur de véritable *opus reticulatum* à l'état barbare. Pardon, mon Adèle, demande ce que veut dire ce latin à ton père, qui sait tant de choses et qui les sait si bien. Charlot ne t'expliquerait pas ceci.

En creusant dans la salle derrière le cloître, on a mis à nu un fort beau pavé en mosaïque de terre cuite. J'y ai distingué des aigles, des coqs, des cerfs, des lions, force rinceaux byzantins, des hommes à cheval et jusqu'à des fleurs de lys, quelques-unes du temps de Charles VII, d'autres plus anciennes. — Du reste, pas de tombeaux. — Il pousse dans l'enclos que font ces vieux murs écroulés des coquelicots doubles qui m'ont paru des fleurs bien civilisées pour un lieu si sauvage. J'en ai cueilli un que je t'envoie, mon Adèle bien-aimée.

Sais-tu qui a acheté ce cloître à la Révolution? Sais-tu qui l'a revendu pierre à pierre, morceau à morceau, plomb, fer, bois et brique? Sais-tu qui a dévasté, ruiné, démantelé, volé et dépouillé sous le ciel cette magnifique abbaye? C'est Maës, le même vieux Maës dont je te parlais dans ma dernière lettre, cet homme assassiné il y a deux ans pour ses richesses, pour ses richesses mal acquises, ce vieil avare, qui en amassant son trésor mal gagné amassait son châtiment. Mon guide, un homme quelconque qui demeure par là et qui exploite l'abbaye, m'avait dit en rentrant que c'était ce Maës qui avait fait cette ruine. J'ai parcouru toute la dévastation en silence, sans répondre un mot au concierge, et puis tout à coup, après plus d'une heure d'examen, je me suis levé d'une pierre où je m'étais assis et je n'ai pu m'empêcher de dire à haute voix : « La providence est juste! » Mon guide, qui ne m'a entendu prononcer que ces quatre mots, a dû me prendre pour un fou.

Ainsi ce misérable nous a pris à tous ce beau couvent pour se donner à lui, imbécile et inutile, la maison dont je t'ai parlé et que le maître lui a rudement reprise. Dieu soit loué! il a écrasé cet homme sous son or.

Gand est encore tout plein de Charles-Quint. Ce don Carlos était fort libertin dans sa jeunesse, n'en déplaise aux contradicteurs d'*Hernani*. Il paraît qu'il aimait particulièrement les jolies bouchères, car à Gand on appelle encore les bouchers *les enfants du prince*. C'est du reste toute une histoire. Quatre familles seules avaient de père en fils le droit de boucherie à Gand, les familles Van Melle, Vanloo, Minne et Deynoodt. Elles tenaient ce droit de Charles-Quint, qui croyait avoir des rejetons dans ces familles. C'est une curieuse chose qu'un roi qui fait de ses bâtards des bouchers. Quelle bonne page bête et pâteuse Dulaure eût fait là-dessus!

Ce matin j'ai quitté Courtrai, qui en flamand s'appelle Kortrik. La route jusqu'à Gand est, comme toutes les routes de la Belgique occidentale, une promenade en plaine avec un horizon de velours vert à droite et à gauche.

Entre Menin et Ypres on rencontre par intervalles des tas de briques qui rompent l'uniformité de la prairie et ont un certain air de ruines babyloniennes. Je ne les ai plus retrouvés sur la route de Gand. En revanche, dans ces environs-ci, les propriétaires des maisons de campagne font un énorme abus de bustes de magistrats du temps de Louis XIV. Ils les juchent sur les piliers de leurs portes en guise de lions. Remplacer des crinières par des perruques, c'est bien flamand. Cela se fait pourtant ailleurs qu'en Flandre.

J'ai trouvé ici des journaux. J'ai voulu les lire ; ce sont les journaux du cru, ils sont tout tapissés de vers néerlandais. Cela est fort agréable à l'œil. On croirait voir des dessins de cailloux et de rocailles dans une grotte rococo. La grotte, c'est *le Messager de Gand*.

Voici une lettre interminable, n'est-ce pas ? Écris-m'en de pareilles, et je serai heureux. Il faut pourtant finir, la poste part à neuf heures du soir. Adieu, mon Adèle bien-aimée, adieu, ma Didine, mon Charlot, et les autres, tous mes petits enfants bien-aimés. Je vous embrasse tous et je prie Dieu pour vous. Mes plus tendres amitiés à ton père.

Ton Victor.

Parle de moi à nos amis, à Louis, à Gautier, à Robelin, à Granier, Masson, Brindeau, à tous.

Je serai demain à Bruges.

X

OSTENDE. — FURNES. — BRUGES.

Furnes. — 31 août. — 7 heures 1/2 du soir.

J'ai sous les yeux en commençant cette lettre, chère amie, une des plus jolies places que j'aie encore vues; vis-à-vis de moi un noble hôtel de ville de la Renaissance dont le beffroi est gothique, quoique gâté à son sommet par une balustrade à mollets; à gauche plusieurs logis de divers styles fort bien contrastés; en face, à côté de l'hôtel de ville, quatre ou cinq gracieux pignons du seizième siècle au-dessus desquels se découpe dans le crépuscule le profil d'une nef gothique; enfin, à droite, une belle embouchure de rue ourlée d'un côté d'un petit châtelet fort sévère et fort curieux, de l'autre d'un élégant fronton espagnol à rocailles accouplé à plusieurs autres; le tout dominé par une superbe flèche toute en briques qui est d'une ligne magnifique. Ajoute à ces trois façades mon côté que je ne vois pas et qui les complète, mets au milieu un fort beau pavé à compartiment de couleur, immense mosaïque qui tient toute la place, et tu comprendras, mon Adèle, que si tu y étais, et les enfants avec toi, la place de Furnes n'aurait rien à envier à la place Royale.

J'arrive d'Ostende. Il n'y a rien à Ostende, pas même des huîtres. C'est-à-dire, il y a la mer, et je suis un ingrat de parler d'Ostende comme je fais. Je suis d'autant plus ingrat que j'ai été à Ostende l'objet de toutes sortes de faveurs spéciales de la part de la mer et de la part du ciel. D'abord, comme j'entrais à Ostende, il avait plu toute la matinée, la pluie a brusquement cessé, les nuages se sont envolés, le soleil s'est mis à sécher la pierre en diligence, et j'ai pu me promener deux bonnes heures au bord de la mer à la marée descendante. — Hélas! pas un pauvre coquillage, mon Toto. Rien que le sable le plus doux et le plus fin du monde.

Je suis charmé d'avoir vu les dunes. C'est moins beau que les granits de Bretagne et que les falaises de Normandie, mais c'est fort beau encore. La mer ici n'est plus furieuse, elle est triste. C'est une autre espèce de grandeur. Le soir, les dunes font à l'horizon une silhouette tourmentée et pourtant sévère. C'est, à côté des vagues éternellement remuées, une barrière éternelle de vagues immobiles.

C'est en se promenant sur les dunes qu'on sent bien l'harmonie profonde qui lie jusque dans la forme la terre à l'océan; l'océan est une plaine, en effet, et la terre est une mer. Les collines et les vallons ondulent comme des vagues, et les chaînes de montagne sont des tempêtes pétrifiées.

Je ne cherchais pas de transition, mais puisqu'en voici une, je la prends. Hier au soir, chère amie, j'ai vu une tempête; ou, pour mieux dire, un gros orage, car, nous autres gens de terre ferme, nous ne nous figurons pas une tempête sans navire en détresse et sans naufrage. Quoi qu'il en soit, tempête ou orage, c'était admirable. J'étais entré pour dîner à l'hôtel du *Lion d'Or*, où l'on dîne mal par parenthèse, quand j'ai entendu un bruit de tonnerre éloigné. Alors j'ai jeté là ma serviette, et j'ai couru à la mer.

Au moment où j'arrivais sur la levée, quoiqu'il ne fût pas sept heures du soir, il y faisait nuit. En quelques instants une nuée énorme, que de temps en temps un coup de tonnerre faisait voir comme doublée de cuivre rouge, avait rempli le ciel. Je m'avançai fort loin sur la levée. J'étais seul, le phare s'allumait silencieusement derrière moi, quelques gouttes de pluie commençaient à tomber, le vent soufflait si furieusement que parfois j'avais peine à marcher. Je songeais à deux voiles que j'avais longtemps suivies des yeux deux heures auparavant. Ces deux voiles m'avaient paru alors une chose charmante, elles me paraissaient maintenant une chose terrible.

Au bout de quelques moments, je m'arrêtai, je ne sais pourquoi, car il n'y avait aucun danger, mais je n'étais pas sans une secrète épouvante. La pluie tombait alors par tourbillons, le vent soufflait comme par sanglots, tantôt baissant, tantôt redoublant. Je ne voyais plus rien devant moi, sous mes pieds et sur ma tête, qu'un gouffre d'un noir d'encre d'où sortait un bruit effrayant. Dans ce gouffre resplendissait par moments, tout à coup, une mer de feu qui dessinait vivement de son écume de braise toutes les échancrures d'une côte sombre et déchirée. Cette vision apparaissait et disparaissait comme un éclair; c'était un éclair en effet.

A ces instants-là j'entendais au dessus de moi le tonnerre crouler de nuée en nuée comme une poutre qui tomberait du toit du ciel à travers les mille étages d'une charpente gigantesque.

Comme mes yeux sont malades, je tournais le dos aux éclairs. Une fois pourtant je me suis retourné, et j'ai vu distinctement la flèche livide de la foudre.

Il n'y avait plus rien pour moi dans cet immense tumulte qui rappelât le souvenir du ciel et de la terre que nous voyons et de la vie réelle, si ce n'est la ligne froide et géométrique de la jetée vaguement éclairée par ce reflet blafard et sinistre propre aux grandes pluies, et tout à côté de moi un grand poteau indicateur sur lequel chaque éclair me faisait lire cette inscription : *Bain des dames.*

J'ai cherché mes deux voiles dans ce chaos, mais heureusement je ne les ai revues dans aucun éclair.

La nuée a passé sur la ville pendant une heure, puis elle s'est enfoncée à l'horizon et le ciel blanc du crépuscule a reparu. J'ai regardé quelque temps encore courir rapidement sur ce fond livide de grands nuages noirs, mais déchargés, qui allaient échouer sur la grosse nuée comme sur un écueil.

Ce matin, le ciel, qui me fait fête comme tu vois, m'a redonné le soleil et je me suis promené sur les dunes, que l'on croirait au premier coup d'œil couvertes de blé ; on regarde, ce n'est que de l'ivraie en pleine prospérité, imitant le blé comme le singe imite l'homme, comme le frelon imite l'abeille, comme la parodie imite l'œuvre, comme le critique imite le poëte, comme l'hypocrite imite le juste. C'est une loi éternelle : ce qui cherche à vous nuire cherche aussi à vous remplacer.

Je t'ai dit qu'on dînait mal au *Lion d'or*. Si vous voulez manger du veau, allez dans les ports de mer. Pas de poisson à Ostende, pas de crevettes, surtout pas d'huîtres, bien entendu. Au demeurant les huîtres d'Ostende ne sont que des huîtres anglaises qu'on apporte à Ostende pour les y engraisser, comme on porte à Marennes les huîtres de Cancale. A Ostende il n'y a pas de bancs d'huîtres, il n'y a que des parcs.

Vers midi, comme il faisait beau, on se baignait quand j'étais sur la levée. Les hommes et les femmes se baignaient pêle-mêle, les hommes en caleçon, les femmes en peignoir. Ce peignoir est une simple chemise d'étoffe de laine fort légère qui descend jusqu'à la cheville, mais qui, mouillée, est fort collante, et que la vague relève souvent. Il y avait une jeune femme qui était fort belle ainsi, trop belle peut-être. Par moments c'était comme une de ces statues antiques de bronze avec une tunique à petits plis. Ainsi entourée d'écume, cette belle créature était tout à fait mythologique.

Bruges, où j'ai passé un jour avant d'arriver à Ostende, est une superbe ville, moitié allemande, moitié espagnole. On l'appelle *Bruges* à cause de ses ponts (*Brug*, en flamand) comme on appelle la ville de ton père *Nantes* à cause de ses cours d'eau (les cent bras de la Loire), *nant* en celte. T'en souviens-tu, chère amie ? nous avons retrouvé ce mot bas-breton en Suisse. On ne dit pas un *torrent*, on dit un *nant*.

Les gens de Bruges sont en train de fort malmener leur clocher, qui est un obélisque de brique du quatorzième siècle, du plus grand style par conséquent. Ils ont déjà coupé la pointe qu'ils ont remplacée par un hideux petit toit, rond, plat et bête. Suppose un pape à qui l'on a ôté sa tiare pour lui mettre une casquette. Voilà le clocher de Bruges maintenant.

En revanche, la tour du beffroi est complète. Elle est du même temps, et admirable, mi-partie en brique et en pierre. La brique a parfois des tons rouillés qui sont magnifiques. Ils en tirent grand parti en Flandre. Ils font en brique jusqu'à des coquilles, jusqu'à des meneaux d'une délicatesse parfaite. Il faut convenir que les flamands tripotent mieux la brique que les bretons ne tripotent le granit. Je veux toujours parler des vieux architectes, car à présent on ne tire parti de rien ; en brique comme en granit, on ne fait que des sottises.

Il y a aussi à Bruges force belles maisons à pignons ; mais toujours hideusement badigeonnées. Il en est de même de l'intérieur des églises ; tout y est blanc dur et noir cru, le tout pour la jubilation des curés, sacristains et vicaires. Il y a longtemps que je l'ai dit, le premier ennemi des églises, c'est le prêtre.

Par exemple, ils ont une sublime statue de Michel-Ange, un des prodiges de l'art ; ils la cachent derrière un énorme crucifix. Pour trente sous j'ai fait ôter le crucifix, car pour trente sous on fait bien des choses chez ces braves bedeaux belges, et le crucifix n'a peut-être pas d'autre but.

C'est un chef-d'œuvre miraculeux que cette statue. La tête de la Vierge est ineffable. Elle regarde son enfant avec une douleur fière que je n'ai vue qu'à cette tête et à ce regard. Quant à l'enfant, avec son grand front, ses yeux profonds et la puissante moue que font ses petites lèvres, c'est bien le plus divin enfant qui soit. Napoléon, qui avait dû ressembler à cet enfant-là, l'avait fait transporter à Paris. On l'a repris en 1815, et dans le trajet on a cassé, je devrais dire déchiré, un coin du voile de la Vierge.

Michel-Ange est dans cette église. Rubens, Van Dyck et Porbus y sont aussi. Ils ont laissé là, l'un une *Adoration des mages*, l'autre un *Mariage mystique de sainte Rosalie*, le troisième une *Sainte-Cène*. Je suis resté longtemps comme agenouillé devant ces chefs-d'œuvre. Je crois que c'est là ce que les protestants appellent de l'idolâtrie. Idolâtrie, soit.

Ce n'est pas tout, car cette église est riche, et je n'ai pas gardé le moindre pour la fin. Le tombeau de Charles le Téméraire et celui de sa fille Marie de Bourgogne sont là, dans une chapelle. Figure-toi deux monuments en airain doré et en pierre de touche. La pierre de touche ressemble au plus beau marbre noir, avec quelque chose de plus souple à l'œil et de plus harmonieux. Chaque tombeau a sa statue couchée qui paraît toute d'or, et, sur les quatre faces, des blasons, des figures et des arabesques sans nombre. La tombe de la duchesse Marie est du quinzième siècle, celle de Charles est du seizième. Le corps du duc fut transporté de Nancy à Bruges par Charles-Quint, cet empereur prudent, fils de Jeanne la Folle et petit-neveu de Charles le Téméraire.

Rien de plus magnifique que ces deux tombes, celle de Marie surtout. Ce sont d'énormes bijoux. Les blasons sont en émail. Au pied du duc il y a un lion, au pied de Marie deux chiens dont l'un semble gronder de ce qu'on approche sa maîtresse. C'est une chose surprenante, aux quatre faces du monument, que cette forêt d'arabesques d'or sur fond noir avec des anges pour oiseaux et des blasons pour fruits et pour fleurs.

Napoléon a visité ces tombes. Il a donné dix mille francs pour les restaurer et mille francs à l'honnête bourgeois qui les avait enterrées et sauvées pendant la

Révolution. Il paraît qu'il est resté longtemps *pensif*, m'a dit le vieux sacristain, dans cette chapelle. C'était en 1811. Il a pu lire sur le devant du tombeau de Charles de Bourgogne sa devise : *Je l'ai empris, bien en avienne* ; et au revers, dans l'épitaphe, il a pu lire aussi cette phrase : « Lequel propera longtemps en hautes entreprises, batailles et victoires... jusqu'à ce que fortune lui tournant le doz l'oppressa la nuits des Roys 1476, devant Nancy. » L'empereur rêvait alors Moscou. Il n'a pas fait porter ces tombes à Paris.

Ces tombeaux sont traités comme Michel-Ange. La fabrique les a fait couvrir d'une ignoble boiserie qui imite le catafalque du Père-Lachaise et dont M. Gosse le parisien serait jaloux. Vous voulez voir les tombes, payez. C'est pour l'entretien, c'est-à-dire le badigeonnage de l'église. Pauvre église ! ainsi, ces tombes, son joyau, ces tombes qui devraient la parer magnifiquement, servent à l'enlaidir. — O marguilliers !

C'est dans cette église que Philippe le Bon institua la Toison d'or. Ils montrent une ravissante tribune du quinzième siècle, affreusement engluée comme le reste, d'où furent déclarés, disent-ils, les premiers chevaliers. J'en doute, car le style fleuri de cette tribune la fait contemporaine de notre Charles VIII. Et en Flandre ils ont toujours été plutôt en retard qu'en avant. Ils faisaient encore des ogives au temps de Henri IV.

Maintenant, chère amie, quand je t'aurai dit que la dorure de chacune des deux tombes a coûté vingt-quatre mille ducats d'or, somme énorme pour le temps, et que le carillon du beffroi passe pour le plus beau carillon de la Belgique, j'aurai épuisé tout ce que j'ai à te dire de Bruges. Il y a encore une vieille abbaye en ruines, mais je n'ai pas eu le temps de la visiter. Ce sera pour le jour où nous verrons tout cela ensemble, mon Adèle.

Du reste, à partir du dix-septième siècle, l'architecture et la sculpture prennent en Flandre quelque chose de plus massif que partout ailleurs. Les volutes sont lourdes, les statues ont du ventre, les anges ne sont pas joufflus, ils sont bouffis. Tout cela a bu de la bière.

1er septembre, 9 heures du matin.

Je me dépêche d'achever ma lettre. C'est aujourd'hui que je rentre en France, je serai à Dunkerque, j'aurai tes lettres. Ce sera une vive joie, car j'espère que vous êtes tous bien portants et heureux.

C'est aussi aujourd'hui que je verrai ce qui adviendra du petit volume contrefait que j'emporte traîtreusement dans mon portefeuille. Je t'informerai de l'aventure.

Je t'ai peu parlé de la contrefaçon, parce que c'est ennuyeux, mais ce n'en est pas moins déplorable. Seulement en regardant aux vitres des boutiques, j'ai compté cinq contrefaçons des *Voix intérieures;* une en grand in-8° sur deux colonnes, deux in-18, l'une publiée par Méline, l'autre par la société dite *pour la propagation des bons livres*, deux in-32, dont l'édition de Laurent que j'emporte. Au demeurant, Bruxelles est bien la ville de la contrefaçon. Il y a des *gamins* comme à Paris; le fronton grec de la chambre des états ressemble au fronton grec de notre chambre des députés; le ruban amarante de Léopold est une contrefaçon de la légion d'honneur; les deux tours carrées de Sainte-Gudule, belles d'ailleurs, ont un faux air de Notre-Dame. Enfin, par un malencontreux hasard, la petite rivière qui passe à Bruxelles s'appelle, pas tout à fait la Seine, mais la *Senne*.

Voilà encore une fois un volume, chère amie. Pardonne-le-moi et aime-moi. Dis à Didine que je compte lui écrire la prochaine fois. Serre la main de ma part à notre père et embrasse nos chers petits qui doivent s'amuser maintenant, j'espère. Fais aussi toutes mes amitiés à notre bon Châtillon que je crois avoir oublié dans ma dernière lettre.

Je t'embrasse mille fois.

A propos, je n'ai pas vu à Bruges une seule circassienne.

XI

LES DUNES.

Cinq heures du soir. 1er septembre, Dunkerque.

Chère amie, je suis à Dunkerque et je n'ai pas encore tes lettres. Je suis arrivé, le bureau des lettres restantes était fermé, il ne s'ouvrira que dans deux heures. Juge de mon impatience. Pour tromper cet ennui dont je suis plein, je t'écris. Ce sera une autre manière de m'occuper de toi, moins charmante pour moi, mais aussi douce.

Mes aventures ont commencé ce matin. Depuis Gand (ma dernière apparition à Gand, cela va sans dire) je faisais route dans une manière de cabriolet-coucou dont le cocher, pauvre diable de picard laissé à Gand par des anglais, était charmé de s'en revenir en France avec un voyageur. Moi, la chose m'accommodait au mieux. Les diligences et la poste vont trop vite; les petites journées, les lents voyages, les chemins de traverse, les itinéraires improvisés par la fantaisie, selon l'église ou la tour qu'on aperçoit à l'horizon, voilà ce qu'il me faut. Je fais, aussi moi, une course au clocher, mais à ma façon.

Je cheminais donc paisiblement avec mon cocher picard, espèce de personnage grotesque assez amusant, dont je te parlerai peut-être plus au long si le papier ne me manque pas un beau jour, comme la terre à Regnard dans son voyage de Laponie. Je comptais bien rentrer en France *en cet équipage;* mais, à Furnes, je ne sais quel accident est arrivé au coucou qui exigeait un grand jour de réparation. J'avais trop hâte d'être à Dunkerque pour attendre. Je me suis décidé à quitter mon picard et à chercher place dans la redoutable patache que les naturels du pays appellent *diligence*, car il n'y a pas encore de grande route entre Furnes et Dunkerque; on la fait en ce moment. — Autre évènement. « La diligence » était pleine. Aucun moyen d'y pénétrer. Le cabriolet était envahi, et les six places de l'intérieur occupées par six derrières flamands des mieux conditionnés. Comment faire? On m'offrait bien une vieille chaise pour courir la poste; mais, pour *courir la poste*, il faut deux choses, une chaise d'abord, un chemin ensuite; la chaise était bien là, mais on ne pouvait m'achever le chemin que dans deux mois. Or, en regardant l'horrible enchevêtrement de fondrières, de ravins, de mares, de puits et de piéges à loup qu'ils appellent en ce moment la route, on ne peut comprendre comment cette phrase magnifique : *courir la poste*, a pu germer dans un pareil sillon.

Mon parti a été bientôt pris. Je ne demandais pas mieux que de marcher, il n'y a que sept lieues de Furnes à Dunkerque par les dunes. Je me suis résolu à les faire à pied. Il le fallait d'abord, et puis je devais avoir constamment la mer sous les yeux, et puis mon harnais de coutil, trempé par l'orage d'Ostende, avait grand besoin pour se sécher complètement d'un souffle de vent et d'un rayon de soleil. Enfin ce n'est rien que sept lieues. — J'ai donc confié mon petit bagage au conducteur afin de m'alléger d'autant. Ici, autre incident.

La diligence pleine de voyageurs était en même temps gonflée de paquets. La bâche de cuir, bouclée sur l'impériale, contenait à grand'peine un énorme ventre d'effets et faisait effort comme le gilet d'un bourgmestre. C'est donc *dans* la diligence qu'il fallait insérer mon paquet. Le conducteur se risque à le glisser timidement dans le cabriolet. Sur ce, une grande dame réclame, une grande dame sèche, maigre, laide, coquette, vêtue de puce en marveillante, laquelle avait quelque chose d'indéfinissable dans le regard et d'indéfrisable dans le tour. Cette respectable voyageuse soutenait qu'elle avait des jambes que ce paquet gênait et molestait. Cris dans la diligence. Un monsieur soutient la dame. Un monsieur rouge et galant, en pantalon couleur amadou, boutonné et décolleté, en redingote d'hiver et en cravate d'été, ayant quelque chose de Colin et je ne sais quoi de Pierre le Grand. Ce mélange de tartarie et de bergerie lui donnait des droits sur le cœur de la dame et n'était pas sans grâce dans le cabriolet de la patache. Et puis il y avait une secrète affinité entre ce pantalon amadou et les jambes de la voyageuse. Il ne manquait qu'un briquet. Qui sait? c'est peut-être mon paquet qui en a fait l'office. Ce qui est certain, c'est que l'étincelle a jailli.

Ils ont fait rage, les braves gens. Mais le conducteur a tenu bon. La pièce de trente sous, qui amollit les bedeaux, endurcit les conducteurs. Mon paquet s'est maintenu triomphalement sous les pieds de tout le monde, et la grande dame indéfrisable a dû se résigner, avec une rougeur pudique, à avoir des chemises d'hommes entre les jambes.

J'ai assisté à cette scène orageuse avec impassibilité. J'étais sûr des vertus de ma pièce de trente sous; et la bonne dame ne se doutait pas que j'avais employé ce moyen machiavélique pour mener à bien mon intrigue.

Enfin ils se sont mis en route de leur côté, et moi du mien.

J'ai été cinq heures à faire les sept lieues. Parti de Furnes à dix heures et demie du matin, je suis arrivé à Dunkerque à quatre heures et demie, et je me suis arrêté une heure en route. J'ai fait là, vraiment, une admirable promenade, sur le sable, entre deux marées, par un beau temps de nuée et de soleil.

Devant moi et derrière moi les dunes se fondaient dans les brumes de l'horizon avec les nuages dont elles ont la forme. La mer était parfaitement gaie et calme, et l'écume des vagues, blanche et pailletée au soleil, faisait tout le long du rivage comme une frange de vermicelles et de chicorées cent fois plus délicatement sculptées que tous les plafonds maniérés du dix-huitième siècle. Quand la mer veut faire du rococo, elle y excelle. Les confiseries Pompadour lui ont pillé ses coquillages.

De temps en temps une mouette blanche passait, ou bien un grand cormoran qui nageait puissamment dans l'air avec ses ailes grises à pointes noires. Et puis au loin il y avait des voiles, de toute forme, de toute grandeur, de toute complication, les unes éclatantes de blancheur sur les obscurs bancs de nuées de l'horizon, les autres sombres sur les clairs du ciel. Quelques-unes sont venues complaisamment passer tout près de moi, côtoyant la dune avec une douce brise qui les enflait mollement et m'apportait les voix des matelots. C'étaient, dans la solitude où j'étais, de ravissantes apparitions que ces belles voiles si bien coupées, si bien étagées, si bien modelées par le vent, si bien peintes par le soleil, et j'admirais qu'on pût faire quelque chose d'aussi charmant, d'aussi fin, d'aussi gracieux, d'aussi délicat, avec de la toile à torchon.

Quelquefois je me tournais vers la terre, qui était belle aussi. Les grandes prairies, les clochers, les arbres, la mosaïque des champs labourés, la coupure droite et argentée d'un canal où glissaient lentement d'autres voiles, le bêlement des vaches qu'on voyait au loin, sur le pré, comme des pucerons sur une feuille, le bruit des charrettes sur la route qu'on ne voyait pas, tout m'arrivait à la fois, aux yeux, aux oreilles et à l'esprit. Et puis, je me retournais, et j'avais l'océan. C'est une belle chose qu'un pareil paysage doublé par la mer.

Par moments je rencontrais un pauvre toit de chaume dont la cheminée, ébréchée par les grands vents, fumait entre les dunes, et puis un groupe d'enfants qui jouaient. Car c'est un des côtés charmants du voyage dans cette saison, à la porte de chaque chaumière il y a un enfant. Un enfant debout, couché, accroupi, endimanché, tout nu, lavé ou barbouillé, pétrissant la terre, pataugeant dans la mare, quelquefois riant, quelquefois pleurant, toujours exquis. Je songe parfois avec tristesse que toutes ces délicieuses petites créatures feront un jour d'assez laids paysans. Cela tient à ce que c'est Dieu qui les commence et l'homme qui les achève.

L'autre jour, c'était charmant. Figure-toi cela, chère amie. Il y avait, sur le seuil d'une masure, un petit qui tenait ses deux sabots dans ses deux mains, et me regardait passer avec de beaux grands yeux étonnés. Tout à côté il y en avait une autre, une petite fille grande comme Dédé, qui portait dans ses bras un gros garçon de dix-huit mois, lequel serrait dans les siens une poupée. Trois étages. En tout, trente-deux pouces de haut.

Tout cela rit et joue au soleil, et réjouit l'âme du voyageur.

Tu comprends, mon Adèle, que mon voyage sur les dunes ne m'a pas ennuyé. J'allais ainsi, regardant et songeant, montant et descendant sans cesse, les talons enfouis dans le sable, arrachant de temps en temps un épi d'ivraie quand il n'y avait ni maison dans la dune ni voile en mer. Tout en rêvant ainsi, à tout et à rien, je me suis figuré que la grande dame qui ne voulait pas de mon paquet était madame Trollope faisant son voyage de Belgique.

Deux navires ont passé assez près de moi pour que j'aie pu lire leur estampille. C'est *la Persévérance* de Dunkerque et le chasse-marée C. 76.

Je marchais depuis deux heures environ, lorsque tout à coup j'ai vu à ma gauche un pauvre amas de chaumières, et dans la dune même une sorte de masure ouverte dont la façade portait cette inscription : EPISSERIES ET LEQUIDES. J'ai reconnu la France.

J'étais en France, j'étais en présence d'un *épissier* français. *Di tanti pa-alpiti !*

En ce moment d'émotion, un douanier m'a accosté en me priant poliment de passer au bureau. La visite a été bientôt faite. Je n'avais aucun bagage. J'ai exhibé mon passe-port et l'on m'a laissé passer. Or, j'avais ma contrefaçon dans mon portefeuille.

Je me suis arrêté dans le cabaret du hameau. J'avais soif, j'ai bu là quelques verres de bière. Comme c'est une espèce de petit port d'échouage, j'espérais aussi trouver là l'occasion que je cherche depuis Anvers de m'embarquer un peu, car il me faut une petite excursion en mer pour compléter mon voyage. J'ai échoué. Pas un pêcheur dans ce port de mer, des rouliers.

Voici une conversation de rouliers que j'ai recueillie tout en buvant un pot de bière. Je te l'envoie pour servir de pendant au dialogue de commis-voyageurs que je t'ai déjà sténographié. Figure-toi quatre sarraux bleus qui boivent. — Chien de temps ! pouvoir pas charger ! C'est que je mange ici, mes chevaux mangent, je mange ! — Qu'est-ce que tu veux ? il n'y a pas de vent ! Il y a là des navires en vue depuis six semaines. Pas de vent. Ils sont encloués. Comment faire pour charger ? Il faut que le vent change. — Je donnerais six écus pour que le vent change. — Je crois bien. Les navires ne peuvent pas entrer. — J'ai envie d'aller à Saint-Quentin. — Saint-Quentin ! tu mangeras plus de soixante-dix francs sur cette route-là, c'est moi qui te le dis. — C'est chiennant, vraiment chiennant, là, quoi !

Lis ceci, bien entendu, avec les *c'te*, les *gnia*, les *quoué*, qui donnent la couleur. Ma foi, je faisais une réflexion. Ainsi voilà des auberges qui s'emplissent, des bourses qui se vident, des rouliers arrêtés, des affaires engorgées, des commerces obstrués, des marchands inquiets, de la gêne, des faillites peut-être. A cause de quoi ? à cause de ce navire qui est là-bas, stagnant à l'horizon. Et de quoi dépend ce navire ? d'un souffle de vent, d'un nuage.

Qu'on rie maintenant des poètes qui ont l'esprit dans

les nuages : il me semble que les gens d'affaires feraient bien de l'y avoir quelquefois.

Nos pauvres gâcheurs de sociétés qui ne rêvent que l'utile et qui raillent comme poésie et comme *inutilités* la lune, les nuages et Dieu, ne songent pas que la lune règle les marées, que les nuages gouvernent le commerce, et que Dieu suspend de toutes parts les spéculations aux fantaisies de l'eau et du vent.

A quatre heures et demie j'étais à Dunkerque. Je t'ai dit ma déconvenue. J'attends encore. J'ai visité la ville qui est insignifiante. Il y a une assez belle tour du quatorzième siècle dont on gâte le sommet en ce moment avec une stupide balustrade d'X à jour pris dans la maçonnerie pleine. Rien de plus laid.

Du reste, j'ai retrouvé mon bagage en bon état, nonobstant le piétinement furieux de madame Trollope.

Me voici donc de retour en France. Du 10 au 15 je serai à Paris. Je cherche une occasion d'embarquement ; après quoi je tournerai bride. Ce sera une grande joie de vous revoir tous, mon Adèle, et toi avant tous.

J'ai passé dix-sept jours en Belgique. En dix-sept jours j'ai vu, et fouillé, je crois, assez profondément, le Hainaut, le Brabant, les deux Flandres. J'ai fait une petite excursion dans la Campine. A classer les villes selon l'art, j'en ai vu cinq du second ordre, Mons, Lier, Audenarde, Courtrai, Furnes ; huit du premier, Bruxelles, Malines, Gand, Bruges, Louvain, Ypres, Tournai, et par-dessus toutes Anvers, ce magnifique groupe d'édifices, qui, vu géométralement, a la forme d'un arc tendu dont l'Escaut serait la corde ; Anvers, ce pistolet que Napoléon voulait tenir toujours chargé sur le cœur de l'Angleterre ; Anvers, cette noble capitale de l'art flamand, qui peut dire : — Ici sont les os de Pierre Paul Rubens, sénateur de cette ville.

Je suis sorti de France par le champ de bataille de Denain, j'y suis rentré par le champ de bataille des Dunes. Tout le règne de Louis XIV tient entre ces deux parenthèses.

Sept heures sonnent, je cours chercher tes lettres.

8 heures du soir.

Merci, mon Adèle bien-aimée, merci surtout de tout ce qu'il y a de bon et de charmant dans la manière dont tu effaces ce que tu appelles *tes petits reproches*. Encore deux semaines au plus, pas même deux semaines, et nous nous reverrons.

Remercie bien ton bon père pour moi. Il sait, je pense, combien je l'aime. Il ne pouvait me faire plus de plaisir que de m'écrire ces quelques lignes, si gracieuses et si bien venues du cœur. Dis-lui, puisqu'il veut bien s'y intéresser, que le voyage m'a fait du bien. Mes yeux vont mieux. Je deviens un homme. Je lis sans lunettes.

Je vais écrire à ma Didine qui recevra sa lettre séparément et dont les deux gentilles petites lettres m'ont rendu heureux. Charge-toi de dire à mes deux petits lauréats bien-aimés, Charles et Toto, combien j'ai été heureux de leurs prix. Je leur écrirai aussi très prochainement. — Je suis ravi de tous les détails que me donne Charlot, ravi que Toto *n'ait plus mal à la tête*, et que les écoliers aient caché, pas avec leurs visages, je pense, ce qu'il y avait d'incomplet dans la magnifique décoration de M. Morin. Dis ceci à Charlot, et embrasse-les bien tous les deux, ainsi que ma pauvre Juju. Baise aussi mam'selle Dédé qui est bien aimable d'avoir écrit à son petit papa.

La lettre pour Didine suivra de près celle-ci. A bientôt, mon Adèle bien-aimée. Du 10 au 15, je serai à Paris. Je vous embrasse tous. J'ai lu d'abord mon petit paquet à la poste même, avidement, en demandant au commis si c'était là tout ; et puis je suis allé tout relire sur la mer même, au bout de l'estacade, avec un charmant petit vent du soir qui me tournait doucement les feuilles entre les mains. Quand la lanterne s'est allumée à côté de moi, je cherchais encore à lire.

Je t'embrasse, mon Adèle. C'est maintenant à *Gisors* qu'il faut m'écrire.

Je pars, je ne pense pas pouvoir mettre cette lettre à la poste avant Calais ou Boulogne.

Et ce pauvre Fossombroni ! Quel malheur !

XII

CALAIS. — BOULOGNE.

Bernay, 4 septembre, 5 heures du soir.

Je commence, chère amie, par te remercier encore, car tes lettres et tout le bon petit entourage qui les accompagnait me font société depuis trois jours. Je les ai relues toutes bien des fois, et il me semblait que je revoyais tous vos bons et gracieux visages. C'était comme une charmante apparition de la maison qui galopait avec moi sur la grande route. Je te remercie, mon Adèle. J'ai écrit hier à ma Didi, elle aura ma lettre demain, à peu près vers cette heure-ci.

Puisque mon itinéraire vous amuse, je continuerai de t'envoyer cette odyssée chant par chant. Elle touche à sa fin, et je t'assure que j'en suis charmé. Mon Ithaque est au bout.

Ma dernière lettre fermée, j'ai quitté rapidement Dunkerque. Je n'ai vu Gravelines que la nuit, mais la ville m'a paru de médiocre intérêt. Adieu les belles vieilles rues flamandes. Plus de pignons, plus de tourelles, plus de clochers. Le toit des maisons de Gravelines et la tour de l'église faisaient une silhouette misérable sur le ciel. C'est un relais pour les messageries. Je m'étais endormi sur l'impériale de la diligence, la secousse de la voiture qui s'arrêtait m'a réveillé. Il pleuvait. Les lanternes des postillons jetaient de belles lueurs sur les pieds des chevaux.

Au petit jour, j'étais à Calais. Je m'y suis arrêté pour déjeuner, et j'ai repris là ma vie de petites journées, de petites voitures.

Calais est une de ces villes qui s'usent vite ; aussi lui met-on tous les jours des pièces de maisons neuves et de façades blanches. En somme, la ville n'a plus rien de sa vieille physionomie. Le beffroi est pourtant un assez amusant galimatias de petits arcs-boutants. Il en sort un petit carillon nain qui fait son duo comme il peut avec la grande voix de l'océan. L'église, qui est gothique et d'une assez belle époque, aurait du caractère si le clocher ne faisait l'effet d'une lorgnette à moitié rentrée sur elle-même. Elle ne contient rien, hors un tableau remarquable de la Flagellation et un maître-autel en marbre qui est du dix-septième siècle par la date et du seizième par le style.

Je n'ai pas visité la citadelle de Calais, ni celle de Dunkerque. Dans mon voyage, je n'ai visité aucune citadelle, quoique la route en fût infestée. Jusqu'au jour où je ferai la guerre, une citadelle ne sera pour moi qu'une colline déformée, coupée au cordeau, taillée à pans droits, murée et gazonnée géométriquement et passée à l'état classique. Or j'aime la courbe comme Dieu la fait, l'herbe où elle pousse, le buisson où le vent le sème, la pente capricieuse, la verdure libre, et Shakespeare. J'aime le roc, je hais le mur ; j'aime le ravin, je hais le fossé ; j'aime l'escarpement, je hais le talus.

A Anvers, tout le monde vous demande : Avez-vous visité la citadelle ? je répondais : Oui, la cathédrale.

Si l'on me demande : Avez-vous bu de bonne bière dans votre voyage en Belgique ? — Je répondrai : — Oui, en France. J'ai bu d'excellente bière, en effet, à l'hôtel Dessin, à Calais. En Belgique, toute leur bière, bière blanche de Louvain, bière brune de Bruxelles, a un arrière-goût odieux. Les anglais la trouvent trop houblonnée. Va pour *houblonnée*, mais c'est mauvais. Quant à leur vin (aux belges), il sent la violette. Il y entre plus d'iris que de raisin. C'était, en vérité, de détestables boissons. Je me réfugiais de l'une dans l'autre, mais, à tout prendre, j'aimais encore mieux de la bière blanche que du vin bleu.

De Calais à Boulogne, on ne rencontre que des diligences anglaises avec leurs quatre chevaux menés à grandes guides au galop et leur cocher juché obliquement sur la voiture comme une plume sur l'oreille d'un procureur.

La première que j'ai vue s'intitulait *l'Opposition*. Un instant après, il en a passé une autre qui s'appelait *the Telegraph*, et qui avait à son sommet un grand voyageur maigre, lequel gesticulait beaucoup. Je présume que ce monsieur portait à Londres quelque nouvelle importante.

Le trajet de Calais à Boulogne est une ravissante promenade. La route court à travers les plus beaux paysages du monde. Les collines et les vallées s'enflent et s'abaissent en ondulations magnifiques.

Sur les hauteurs on a des spectacles immenses. A perte de vue des étages de champs et de prés cousus les uns aux autres ; de grandes plaines rousses, de grandes plaines vertes, des clochers, des villages, des bois qui présentent de cent façons leurs grands trapèzes sombres, et toujours, tout au fond, à l'occident, un bel écartement de collines que la mer emplit comme un vase.

La route descend, tout change, on est dans le petit, dans le limité, dans le charmant ; trois arbres vous bornent l'horizon. Ou bien c'est une ferme avec son tas de fumier et sa charrette aux quatre roues boueuses et rouillées ; ou bien un cimetière plein de ciguë en fleur, dont le vieux mur fait ventre sur la route. On est sous une allée basse de gros pommiers dont les branches égratignent joyeusement la voiture ; on passe près d'une haie d'où sortent comme des doigts crochus ces racines qui empoignent si bien la terre et qu'Albert Dürer aimait tant. On remonte, et l'on retrouve le ciel, la terre, la mer, l'infini. Vraiment, je suis ébloui, chaque jour, de toutes les merveilles que Dieu fait avec du vert et du bleu.

A peu près à moitié chemin, du sommet d'une côte très élevée que la route gravit, j'ai vu au loin comme un long serpent de brume avec des écailles de soleil çà et là posé sur l'horizon tout au fond de la mer et se détachant sur un nimbe de brume moins sombre. C'était l'Angleterre. Un ramasseur de mythes eût vu là un symbole. Moi, je n'y ai vu tout bonnement qu'une belle falaise, qui est noire de loin, et qui de près serait blanche, *Albion.*

L'entrée, ou pour mieux dire, la descente à Boulogne est admirable. On laisse à gauche une vieille forteresse dont les tours, qui avaient une couronne de créneaux, n'ont plus qu'une couronne de grands arbres. C'est encore fort beau. Il est fâcheux seulement que les architectes *de l'endroit* bâtissent là, sur ces vieux arbres et sur ces vieilles tours, je ne sais quoi de bête et de hideux qui a des colonnes.

La forteresse passée, on s'enfonce dans une rue presque à pic qui te ferait crier de peur, mon Adèle, mais qui est fort pittoresque, et, tout en descendant, on voit par-dessus les toits la ville qui est gracieusement adossée à de hautes dunes d'où elle regarde tous les soirs le soleil se coucher dans l'océan.

Il y a dans cette descente un mélange amusant de cris de femmes dans les voitures, de jurements de cochers, et de mâts et de vagues au loin, et de cheminées qui fument et de vitres qui brillent. C'est une sensation très compliquée et charmante.

Quand nous retournerons ensemble à Boulogne, chère amie, je ne te conduirai pas à *l'hôtel du Nord. L'hôtel du Nord* est une médiocre auberge à grand fracas, où l'on paie fort cher un maigre gîte et où les garçons sont d'une impudence rare. J'ai été indigné de leurs façons avec une famille de pauvres voyageurs fourvoyée là, laquelle, fort inquiète du haut prix probable des repas, s'ingéniait pour n'en faire qu'un par jour. Sur quoi, ricanements odieux des garçons. Je n'ai pu m'empêcher de les en très fort rudoyer, sans violer mon incognito, bien entendu. Décidément, je hais de plus en plus chaque jour les grands hôtels, les grandes villes, les grands seigneurs et les grands laquais. Tout cela est insolent, vide et creux. Or, lesdits garçons d'auberge, avec leurs airs britanniques, n'étaient même pas des laquais, comme j'ai eu l'honneur de le leur dire. Ce n'étaient que de pauvres rustres picards vernis de je ne sais quel cirage anglais.

Je me suis longtemps promené au bord de la mer à Boulogne. Toujours du sable, et pas de galets par conséquent, mais pas de coquillages non plus, ce qui me fâche très fort, mon Toto. Depuis Ostende le sable de la mer te fait banqueroute.

J'ai vu la place où s'est si affreusement abîmée, il y a deux ans, cette frégate *Amphitrite* qui croyait, en quittant l'Angleterre, porter des femmes à Botany-Bay, et qui n'apportait que des cadavres au cimetière de Boulogne. Pauvres femmes! ont-elles perdu au change? je ne sais. Car il paraît que les hommes, qui ne sont que des voleurs en Angleterre, deviennent des anthropophages à Botany-Bay. As-tu lu l'horrible histoire de ce Broughton dans les journaux? Triste chose! nous nous perdons dans nos perfectionnements. Voilà maintenant la civilisation qui fait des sauvages.

A l'endroit où l'*Amphitrite* s'est brisée, j'ai trouvé aussi moi un cadavre, une pauvre mouche naufragée. Je te l'envoie. L'océan s'est amusé à la jeter sur la dune. Il n'avait pas eu beaucoup plus de peine avec la frégate.

N'est-ce pas, ma Didi, qu'elle est encore bien jolie, la pauvre mouche?

La côte est magnifique à Boulogne. Je l'ai longtemps étudiée de la pointe de l'estacade. Ce n'est plus la dune basse et bossue d'Ostende. C'est une haute et noble colline de terre brune, verdie par l'herbe çà et là, où les vagues ont façonné d'énormes degrés et qui descend jusqu'à la mer comme un escalier de Titans. La ville n'en atteint qu'à grand'peine le sommet. Quelques pauvres toits de hameau se pelotonnent au loin dans les mamelons de cette grande dune. Il y a aussi quelques moulins qui se cachent, tournés vers la terre et adossés aux renflements de la côte. Mais ils ont beau s'abriter, le vent de mer les prend en passant par le bout de l'aile et les fait tourner furieusement.

Au moment où j'étais à l'extrémité de l'estacade, le paquebot à vapeur venait de sortir du port. On ne le distinguait plus au loin qu'à la petite nuée noire qui sortait de sa cheminée au point opposé du ciel. Au faîte le plus reculé de la dune, je voyais fumer en même temps le toit d'une misérable masure. D'un côté c'était une admirable machine qui changera la face du monde; de l'autre, c'était la marmite d'un paysan. Cela ne faisait que deux fumées sur l'horizon.

Je songeais, à cet instant-là, à tous les amis que je viens de perdre et qui s'en sont allés aussi comme des fumées; les uns superbement comme le navire, les autres modestement comme la cabane. J'étais triste et accablé. Vois, chère amie, sans compter mon pauvre Eugène, qui était bien plus qu'un ami, cela fait quatre en moins de cinq mois. Fontaney, si intelligent, Maynard, si éclatant et si noble, d'Arnay, ce pauvre doux enfant si gracieux, et enfin il y a quelques jours à peine Fossombroni, si jeune, si modeste et si spirituel; tous bons, généreux, dévoués, tous morts ayant à peine commencé à vivre. J'excepte Fontaney, qui avait souffert et par conséquent vécu.

Où sont-ils maintenant? pensent-ils à nous qui songeons à eux? nous regrettent-ils et nous désirent-ils? Ils savent maintenant comme je les ai réellement aimés; Maynard surtout, qui avait l'injustice d'en douter quelquefois, seul tort que je puisse lui reprocher. Hélas! pauvre amie, comme cet arbre des vivants est rudement secoué autour de nous! comme les feuilles tombent! comme les branches cassent!

J'étais là en présence de l'océan et de la face de Dieu, et j'étais plein de ces pensées. J'en suis plein encore. Je continuerai dans un autre moment. Laisse-moi finir ici ma lettre. Je ne veux pas t'attrister.

Je t'embrasse tendrement, mon Adèle.

XIII

ÉTAPLES.

Bernay, 5 septembre, 9 heures du matin.

Je suis encore à Bernay, je me hâte de t'écrire, car je crains que la fin de ma dernière lettre ne t'ait laissé une impression triste. Je ne veux pas t'envoyer de ces impressions-là, et c'est de la joie que je veux t'apporter; le rire et le bonheur te vont si bien, mon Adèle.

J'ai quitté Boulogne avant-hier, par un de ces admirables ciels nuageux et rayonnants qui jettent sur la terre comme une grande peau de tigre faite de lumière et tachée d'ombre. La ville était merveilleusement jolie ainsi éclairée. Il pleut toutes les nuits, mais avec le jour reviennent le soleil, le ciel bleu et les paysages. *Nocte pluit tota, redeunt spectacula mane.* Ceci est du Virgile pour mon lauréat Charlot.

Une seule chose gâtait ce bel ensemble de mer et de terre, de mâts et de voiles. C'est le hideux pâté à colonnade dont ils ont couronné leur ville. Quant à la colonne de Boulogne, elle ne fait ni bien ni mal. C'est une bâtisse de pierre, rien de plus. Car ils ont une colonne à Boulogne, une façon de colonne Trajane, moins les sculptures, moins la grandeur, moins Rome.

J'ai été favorisé d'un plus beau soleil à Boulogne qu'à Calais où j'ai eu très froid. Calais est dans un courant d'air.

Mais, froid ou chaud, pluie ou soleil, brumes ou étoiles, j'aime passionnément les ports de mer, quoiqu'on y mange trop de beefsteacks et que les barbiers vous y rasent avec des mains qui sentent le poisson.

Tu sais que j'aime encore mieux les petits ports que les grands. Aussi de Boulogne je suis allé à Étaples.

Cette route est encore plus pittoresque que celle de Calais à Boulogne. C'est un enchantement perpétuel.

En sortant de Boulogne on côtoie un bras de mer qui se recourbe dans les terres comme pour aller saisir les villages. A la marée haute il est couvert de petits bateaux à voiles qui croisent leurs triangles jaunes dans tous les sens. A partir de là, le paysage varie superbement à chaque instant. Les collines tout à la fois molles et sévères, assouplies par le vent robuste de la mer, ont parfois la ligne italienne. De temps en temps, de hautes dunes magnifiquement tripotées, comme des vagues que le mouvement de la voiture fait remuer à l'œil, viennent en tumulte au bord de la route. La mer, qui se retire lentement de la côte de France, était là autrefois. Et puis elles s'éloignent et vont appuyer au loin sur l'horizon leurs ondulations courtes et puissantes. Ce sont, au fond du paysage, de fermes et charmantes arabesques, sculptées tour à tour par tous les éléments. L'océan les a ébauchées, l'ouragan les continue.

Étaples n'est qu'un village, mais un village comme je les cherche, une colonie de pêcheurs installée dans un des plus gracieux petits golfes de la Manche. La marée était basse quand j'y suis arrivé; toutes les barques étaient échouées au loin sur le sable, noires et luisantes comme des coquilles de moules. J'en ai dessiné quelques-unes, tout en me promenant sur la grève. De temps en temps je rencontrais, sur le seuil des cabanes, de graves figures de marins qui vous saluent noblement. La mer brillait au milieu du golfe, éclatante et déchiquetée, comme un lambeau de drap d'argent. Les hauteurs qui bornent l'horizon au midi ont une forme magnifique et calme. Quelques grands nuages y rôdaient lentement. C'était un spectacle tranquille et grand.

Le soir, il semble que les nuages vont se coucher. Ils s'aplatissent, ils s'allongent, ils s'étendent comme pour dormir.

Le jour ils s'enflent, se dilatent et se gonflent au soleil comme des édredons devant le feu. En général, je les aime mieux le soir. Ils dessinent alors dans l'air des baies et des promontoires qui font du ciel comme un immense miroir où la mer se réfléchirait avec ses côtes sombres et découpées.

Je suis parti de bon matin. Je voulais déjeuner à Montreuil-sur-Mer.

Montreuil-sur-Mer serait mieux nommé Montreuil-sur-Plaine. C'était autrefois une charmante ville. Ce n'est plus maintenant qu'une citadelle. Mais, des remparts, on a une vue admirable de coteaux et de prairies, car la ville est haut située. Et puis il reste encore sur la place deux vieilles églises qui ont un certain aspect. Mais il n'y faut pas entrer. J'ai trouvé pourtant, dans la plus grande, une porte romane d'un beau goût. N'en juge pas d'après ce gribouillage.

Je me suis promené sur les remparts. J'étais seul avec de vieux canons gisant à terre et un vieux prêtre assis à côté.

Une figure vénérable que ce prêtre! il avait l'œil fixé sur son livre, et moi, je regardais la campagne. Il lisait dans son bréviaire, et moi dans le mien.

C'est que, vois-tu, mon Adèle, c'est un beau et glorieux livre que la nature. C'est le plus sublime des psaumes et des cantiques. Heureux qui l'écoute. J'espère que mes enfants le comprendront un jour et qu'ils jouiront religieusement de ces merveilles extérieures qui répondent à la merveille intérieure que Dieu a mise en nous, l'âme. Moi, je ne me lasse pas d'épeler ce grand et ineffable alphabet. Chaque jour il me semble que j'y découvre une lettre nouvelle.

Une chose me frappait hier matin, tout en rêvant sur les vieux boulevards de Montreuil-sur-Mer. C'est la manière dont l'être se modifie et se transforme constamment, sans secousse, sans disparate, et comme il passe d'une région à l'autre avec calme et harmonie. Il change d'existence presque sans changer de forme. Le végétal devient animal sans qu'il y ait un seul anneau rompu dans la chaîne qui commence à la pierre, dont l'homme est le milieu mystérieux, et dont les derniers chaînons, invisibles et impalpables pour nous, remontent jusqu'à Dieu. Le brin d'herbe s'anime et s'enfuit, c'est un lézard; le roseau vit et glisse à travers l'eau, c'est une anguille; la branche brune et marbrée du lichen jaune se met à ramper dans les broussailles, et devient couleuvre; les graines de toutes couleurs, mets-leur des ailes, ce sont des mouches; le pois et la noisette prennent des pattes, voilà des araignées; le caillou informe et verdâtre, plombé sous le ventre, sort de la mare et se met à sauteler dans le sillon, c'est un crapaud; la fleur s'envole et devient papillon. La nature entière est ainsi. Toute chose se reflète, en haut dans une plus parfaite, en bas dans une plus grossière, qui lui ressemblent.

Et quel admirable rayonnement de tout vers le centre! Comme les divers ordres d'êtres créés se superposent et dérivent logiquement l'un de l'autre! Quel syllogisme que la création! Où commencent la branche et la racine, l'arbre commence; où commence la tête, l'animal commence; où commence le visage, l'homme commence. Ainsi s'engendrent l'un de l'autre, dans une unité ravissante, les quatre grands faits qui saisissent le globe, la cristallisation, la végétation, la vie, la pensée.

Dis-moi pourquoi je songeais à tout cela, sous les grands arbres de Montreuil. Je ne sais. Mais je cause avec toi, mon Adèle, comme si nous nous promenions bras dessous bras dessous le long du quai de l'Arsenal.

En descendant du rempart, j'ai rencontré un petit enfant qui mordait dans une grosse pomme. — Qui t'a donné cette pomme? lui ai-je dit. Il m'a répondu : — Je ne sais pas, c'est tombé de l'arbre, c'est le vent, c'est personne. Je lui ai donné dix sous et je lui ai dit : — Mon enfant, quand ce n'est personne, c'est Dieu. J'aurais pu ajouter : — Et quand c'est quelqu'un, c'est Dieu encore.

De Montreuil, je suis allé à Crécy. Il m'a fallu faire trois bonnes lieues à pied. Les chemins sont impraticables. La loi sur les chemins vicinaux n'a encore rien caillouté par ici.

J'ai vu Crécy, j'ai visité ce sombre champ de bataille. J'ai fait le tour du vieux moulin de pierre qui marque la place où l'attaque a commencé. Je suis descendu au fond du vallon où les dolabres et les haches d'armes ont si rudement travaillé. Le village est assez pittoresque. J'en ai dessiné l'église, laquelle a vu la bataille. Il y a aussi, au milieu de la place du village, une vieille fontaine romane qui a dû étancher bien du sang ce jour-là. Fontaine curieuse et unique pour moi jusqu'à ce jour. Grosses nervures de briques à plein cintre. Piliers trapus en pierre avec chapiteaux sculptés. Trois étages, dont deux sont déformés.

A Bruxelles, je n'ai pas voulu voir Waterloo. J'ai jugé inutile de rendre cette visite à lord Wellington. Waterloo m'est plus odieux que Crécy. Ce n'est pas seulement la victoire de l'Europe sur la France, c'est le triomphe complet, absolu, éclatant, incontestable, définitif, souverain de la médiocrité sur le génie. Je n'ai pas été voir le champ de bataille de Waterloo. Je sais bien que la grande chute qui a eu lieu là était peut-être nécessaire pour que l'esprit du nouveau siècle pût éclore. Il fallait que Napoléon lui fît place. C'est possible. J'irai voir Waterloo quand un souffle venu de France aura jeté bas ce lion flamand à qui saint Louis avait déjà arraché les ongles, les dents, la langue et la couronne, et aura posé sur son piedestal un oiseau français quelconque, aigle ou coq, peu m'importe. Je n'ignore pas que tout ce que j'écris ici pourrait se traduire en un couplet de facture, mais cela m'est égal. Albertus sait bien que j'ai tout un grand côté bête et patriote.

Je reviens à Crécy. J'ai donc tout vu; mais j'ai bien des fois donné au diable un grand paysan enchifrené qui me servait de guide, qui ne savait rien, bien entendu, et qui répondait à toutes mes questions : *Oui, bosieu.* A quoi je répliquais : *Fort bien, bon abi.*

Tout en courant dans les pierres, mes souliers de castor se sont crevés. J'ai mesuré sur-le-champ d'un œil ferme l'étendue de mon malheur. J'ai vu qu'il faudrait mettre mes bottes le lendemain. Or mes bottes me gênent.

Bernay, où je suis en ce moment, n'est qu'un hameau. Il y a six maisons. La cathédrale a quatre murs blancs, dix pieds de haut, trois fenêtres, un toit d'ardoise et un clocher qu'on dirait composé de deux soufflets, l'un horizontal, l'autre vertical. Cet heureux genre d'architecture florit et prospère dans les braves campagnes picardes, qui n'en savent pas plus long. C'est hideux.

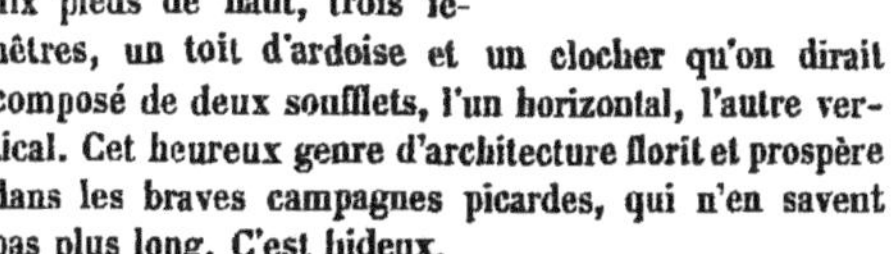

Ce n'est donc qu'un hameau, mais le hasard a voulu que ce hameau fût situé au point précis où la diligence qui arrive de Paris a faim pour déjeuner et où la diligence qui arrive de Calais a faim pour dîner. De ces deux diligences qui arrivent là, l'une du sud, l'autre du septentrion, la bouche ouverte, il est résulté une auberge, et une fort bonne auberge, l'Hôtel de la Poste. C'est un des meilleurs logis que j'aie rencontrés sur ma route.

La basse-cour, qui est là sous ma fenêtre, est magnifique. Ce n'est pas une basse-cour, c'est un océan. Il y a là tout un monde de poules, de canards, de vaches, de porcs, de dindons, de pigeons, et de pintades qui vit bruyamment et joyeusement, sans prendre garde aux sinistres lueurs de la cuisine. De cette immense basse-cour il germe une table d'hôte colossale qui s'épanouit deux fois par jour. Hier soir lundi, le garçon me disait avoir desservi plus de cent vingt couverts depuis samedi. C'est vraiment merveille de trouver une aussi prodigieuse cuisine dans une bourgade de huit ou dix feux. Quoi qu'il en soit, et sans songer à la table d'hôte, ce monstre aux dents de requin, toutes ces omelettes, toutes ces côtelettes, tous ces jambons, tous ces salmis, grouillent, piaillent, bêlent, chantent, roucoulent, grognent, volent, marchent, nagent et flânent parmi des Alpes de fumier où les mares font des lacs; tumulte amusant pour le voyageur qui, comme moi, regarde la basse-cour pendant que le dîner cuit, et ne dédaigne pas Fielding en attendant Chevet.

Chevet ne gâte jamais le paysage. L'idée de la bécassine colore le groupe un peu sec du chasseur et du chien d'arrêt; il y a, pour le marcheur affamé, un certain charme à penser que dans ces belles eaux vives près desquelles il se repose on pêche d'excellentes truites. Les hommes du quinzième siècle ne peignaient ni ne sculptaient jamais une rivière sans en montrer les poissons. Bonne et cordiale habitude!

Au milieu de toutes ces bêtes se traîne et se prélasse, comme l'éléphant au Jardin des plantes, une énorme truie pleine et prête à mettre bas. C'est plaisir de la voir se vautrer dans l'ordure. Elle est monstrueuse, elle est gaie, grasse, velue, rose et blonde. Il faut être un fier cochon pour faire la cour à une pareille créature.

Il paraît que les gendarmes et les postillons se font décrotter ici. Il y a là sous la porte un enfant qui cire une botte grande comme un homme. Tu rirais de le voir. Il peint, il frotte, il brosse, il souffle, il sue, il y va de tout cœur, il couche la botte à terre comme un canon, il la met debout comme une colonne, il en fait le tour, il entre dedans, par moment il s'y engloutit et il disparaît tout entier. On n'a jamais accompli une grande œuvre avec plus de bravoure.

Tout est bon, tout est propre, tout est riant dans cette auberge. Il y a bien çà et là quelques légères verrues. Ils m'ont donné pour écrire une table ronde, haute et étroite, ce qui n'est pas ingénieux; ils font payer six sous trois feuilles de papier; ils sont abonnés à la *Gazette de France*, dont j'ai vu l'infortuné feuilleton traîner dans la cuisine, affirmant, parmi les oignons et les échalotes, que le théâtre est décidément perdu, que la belle langue française, etc., que le drame moderne, etc., grandes vérités que ce brave feuilleton disait là en français de cuisine, ce qui m'a paru de bon goût en pareil lieu. — Somme toute, excellent gîte.

J'ai demandé à la bonne grosse dame du logis : — Vous êtes légitimiste, madame? — Elle m'a répondu : — Hélas oui, monsieur. Il faut bien. La route de Calais souffre, voyez-vous. Il passait plus de monde ici sous les anciens Bourbons. La route de Lille nous fait du tort. Les princes d'Orléans sont toujours fourrés à Bruxelles. — D'où j'ai conclu que le rétablissement de la branche aînée était nécessaire au bonheur de la France et de la route de Calais. La dame, brave et excellente femme d'ailleurs, a réfléchi un instant et a ajouté en soupirant : — Et puis, voyez-vous, depuis 1830, il y a eu le choléra à Paris, et il est encore en Italie, ce qui fait que les anglais passent moins par ici. — Diable! ai-je répondu, je comprends que vous soyez abonnée à la *Gazette de France*.

Pardon de toutes ces histoires de cabaret, chère amie. Mais où il n'y a ni l'océan ni les cathédrales, il faut bien parler des auberges. La tête et l'esprit ont assez bavardé, c'est maintenant le ventre qui raconte ses aventures.

Du Tréport, 6 septembre, onze heures du soir.

Je n'ai pu résister au Tréport. J'en étais trop près. Il m'attirait trop violemment, m'y voici. J'y suis arrivé cette fois à la marée basse. C'est toujours un lieu ravissant.

Hier, j'ai fait à pied une excursion au Crotoy, charmant petit port vis-à-vis Saint-Valery, à l'embouchure de la Somme. Au moment où j'arrivais, c'était le départ des barques, chose toujours admirable et toujours nouvelle. Toutes les voiles, dessinées nettement par les angles, s'enlevaient en noir sur le ciel et sur la mer qui éblouissaient. Je t'aurais voulue là, chère amie.

J'ai revisité à Abbeville Saint-Wulfran et sa vieille façade toute rongée par la bise et par la lune. J'ai revu cette belle église avec autant de plaisir que la première fois, il y a deux ans. Elle a quelques rides de plus et je n'en ai pas de moins. — Il y a à l'angle une sublime statue de vieillard à demi enfoncée dans un toit. Ils ont bâti là une ignoble maison qui lui monte jusqu'à la ceinture, le vieux saint de pierre les laisse faire sans interrompre sa calme rêverie. A côté de lui, un guerrier que cette honteuse crue de tuiles semble près d'atteindre s'en dégage fièrement. Toutes ces figures sont graves et belles. Il ne faut pas les voir pourtant après celles d'Amiens.

J'ai bien employé ma journée, mon Adèle. J'ai été voir le château de Rambures, beau groupe de tours du treizième siècle. Je l'ai dessiné. La route à travers bois était charmante. Quoique fort cahotée, j'ai pu la faire en voiture. Et puis je suis venu au Tréport. J'ai laissé à ma gauche Blangy, riante petite ville cachée dans les peupliers au fond d'une superbe vallée à grands contours. J'ai également laissé de côté la route d'Aumale, qui traçait sur le revers des collines opposées le geste fulminant et tortueux de Mlle Mars dans Tisbé. J'ai traversé Gamaches. L'église a un charmant portail du quinzième siècle.

J'ai vu passer à Gamaches deux femmes qui n'étaient pas à la noce. C'étaient deux pauvres contrebandières de tabac prises sur le fait. On les menait en prison à Blangy avec leur tabac, leur déconvenue et leur charrette ornée de deux gendarmes. Je leur ai donné la monnaie que j'avais dans ma bourse.

La route de Gamaches à Eu est fort verte et fort bien entourée. Elle court gaiement le long d'une haute colline qui va aboutir aux falaises. On rencontre de temps en temps un de ces carrés de chanvre qui ressemblent à des forêts de petits cocotiers. On se suppose géant, on est en Amérique.

Mais tu dois être bien fatiguée de cette lettre sans fin, ma pauvre amie. Je la ferme en t'embrassant, ainsi que ton père et les chers petits. — As-tu écrit à M. Naudet que j'étais absent? — Je ne sais encore si je passerai par Gisors. Mais écris-moi toujours là. Mon itinéraire dépendra des voitures. Je tâcherai pourtant de le diriger vers Gisors. — A bientôt, mon Adèle bien-aimée. — A bientôt, ma Didine. — Mille baisers.

XIV

LE HAVRE.

Le Havre, 9 septembre, 7 heures 1/2 du soir.

Je mets le chiffre XIV sur cette lettre, mon Adèle, car j'en avais commencé une autre, bien longue, que je finirai demain. Le temps me manque ce soir. Je t'écris seulement que j'arriverai probablement à Paris le 13. Entends-tu, mon Adèle? le 13! entends-tu, ma Didine? Je vous reverrai, je vous embrasserai tous. Je suis suspendu en ce moment aux heures de départ des paquebots et des diligences. Je serre la main à ton bon père que j'aurai tant de joie à revoir. Je t'embrasse mille fois, ma pauvre bien-aimée, et ma Didine, et mon Charlot, et mes deux petits anges, Toto et Dédé. A bientôt donc, ma Didine! — Mille baisers, mon Adèle. — Je t'aime. Je suis heureux de te revoir bientôt.

XV

DIEPPE. — LE TRÉPORT. — LE BOURG-D'AULT.

Dieppe, 8 septembre, 9 heures du soir.

Ceci est probablement, chère amie, l'avant-dernière lettre que tu recevras de moi. Le 12 ou le 13 au plus tard je serai à Paris près de toi, près de vous. Quelle joie de t'embrasser! Va, crois-le bien, je serai heureux, pauvre amie. Le voyage n'est qu'un étourdissement rapide. C'est à la maison qu'est le bonheur.

Chaque jour me rapproche rapidement de vous. Je suis aujourd'hui à Dieppe. J'y étais venu revoir et étudier encore le curieux bas-relief de l'église qui figure en quelque sorte la découverte de l'Amérique. Plusieurs encombres ont retardé la voiture, de sorte que je suis arrivé trop tard. Il était sept heures du soir et l'église était pleine d'ombre quand j'y suis entré. Elle était d'ailleurs admirable à voir ainsi, mais le bas-relief n'offrait à l'œil qu'une croûte de pierre inégale. Impossible d'y rien distinguer. Je venais dans cette église en antiquaire, elle m'a reçu en peintre. Je ne me plains pas.

Il y a une bien belle promenade à faire à Dieppe. Je n'y ai rencontré aucun promeneur. — Il faut, à la nuit tombante, suivre le quai méridional, côtoyer un groupe de maisons qui fait la tête d'une rue, et monter derrière le château par un sentier qui grimpe vers la falaise par le bord du fossé. Bien des souvenirs gisent dans ce fossé qu'ont mesuré tant de fois du regard tous les beaux gentilshommes de la Fronde à la fois si roués et si naïfs. C'est un ravin qui entaille profondément le dos de la falaise et le long duquel descend avec un mouvement ferme et superbe le haut mur du château. Ce mur, encore festonné par endroits de vieux mâchicoulis, laisse à mi-côte une haute tour carrée et en va porter une autre jusqu'au sommet de l'escarpement. Ceci est déjà beau, mais il ne faut pas s'en contenter. Il faut gravir sur la cime même de la falaise, si l'on n'a pas trop peur des formes vagues qu'on voit sauteler lourdement sur l'herbe. Il faut avancer bravement et n'avoir pas horreur des choses de l'ombre. Quand on sera en haut, on verra.

J'y étais tout à l'heure; je m'étais avancé au bord de la falaise, quelques pas au delà d'une vieille barrière de bois qu'on a mise là sans doute pour les vaches, car je n'y ai pas vu un être humain. A ma droite, un peu au-dessous de moi, le château avec ses toits et ses tourelles faisait un bloc de ténèbres. Quand même une grosse tour ne me l'eût pas cachée, il m'eût été impossible de distinguer la jolie fenêtre de la Renaissance par où s'était enfuie, il y a bientôt deux cents ans, cette belle Mme de Longueville qui était de si bon conseil dans l'occasion et qui avait, dit M. de Retz, *une charmante langueur naturelle avec des réveils lumineux et surprenants.*

Au-dessous et au delà du château, un abîme; et dans cet abîme quelques lignes confuses d'ombres et de reflets se coupant à angles droits avec trois ou quatre étoiles rouges éparses et comme noyées dans ce labyrinthe de formes indécises. C'était Dieppe. A gauche, la mer, la mer infinie, calme, grise, verte, vineuse, et sur la mer, dispersés à tous les bouts de l'horizon, une vingtaine de bateaux pêcheurs pareils à des points noirs qui commencent à avoir une forme et courent silencieusement sur ce miroir livide comme de gros moucherons. Au-dessus de tout cela, un ciel crépusculaire que couvraient de grands nuages sombres crevés çà et là d'une flaque de lumière pâle. La marée montait avec sa rumeur sinistre, par moments un éclat de voix venait de la ville, derrière moi une vache mugissait je ne sais où, de temps en temps le vent faisait sur la mer le bruit d'un immense rideau qu'on secoue. C'était extraordinaire. Rien ne laisse à l'âme une impression à la fois plus vague et plus poignante que les espèces de rêves qui se dégagent parfois de la réalité.

On marche dessus, ils flottent autour de vous.

En redescendant, je me suis promené dans le port. J'ai causé avec un douanier qui surveillait le déchargement d'un navire. Ce navire venait de la Baltique, de Stettin, apporter à Dieppe, quoi? du bois de chauffage; et, ce qui n'est pas moins étrange, c'est qu'il ne remporte rien, absolument rien que des galets dont il fait son lest et qu'il est obligé de jeter plus tard. Ce pauvre port de Dieppe est bien déchu. Il est peut-être le plus amoindri de nos ports de la Manche qui tendent tous à s'engraver.

Ma journée d'hier, chère amie, a été bien remplie. J'étais au Tréport, je voulais voir le point précis où finit la dune et où commence la falaise. Belle promenade, mais pour laquelle il n'y a que le chemin des chèvres et qu'il fallait faire à pied. J'ai pris un guide et je suis parti. Il était midi. A une heure j'étais au sommet de la falaise opposée au Tréport. J'avais franchi l'espèce de dos d'âne de galets qui borde la mer et défend la vallée au fond de laquelle se découpent les hauts pignons du château d'Eu; j'avais sous mes pieds le hameau qui fait face au Tréport.

La belle église du Tréport se dressait vis-à-vis de moi sur sa colline avec toutes les maisons de son village répandues sous elle au hasard comme un tas de pierres écroulées. Au delà de l'église se dévoloppait l'énorme muraille des falaises rouillées, toute ruinée vers le sommet et laissant crouler par ses brèches de larges pans de verdure. La mer, indigo sous le ciel bleu, poussait dans le golfe ses immenses demi-cercles ourlés d'écume. Chaque lame se dépliait à son tour et s'étendait à plat sur la grève comme une étoffe sous la main d'un marchand. Deux ou trois chasse-marées sortaient gaîment du port. Pas un nuage au ciel. Un soleil éclatant.

Au-dessous de moi, au bas de la falaise, une volée de cormorans pêchait. Ce sont d'admirables pêcheurs que les cormorans. Ils planent quelques instants, puis ils fondent rapidement sur la vague, en touchent la cime, y entrent quelquefois un peu, puis remontent. A chaque fois ils rapportent un petit poisson d'argent qui reluit au soleil. Je les voyais distinctement et de très près. Ils sont charmants quand ils ressortent de l'eau, avec cette étincelle au bec.

Ils avalent le poisson en remontant, et recommencent sans cesse. Il m'a paru qu'ils déjeunaient fort bien.

Moi j'avais mal déjeuné par parenthèse. Comme c'était un port de mer, j'avais mangé du beefsteack bien entendu, mais du beefsteack remarquablement dur. A la table d'hôte, où les plaisanteries sont rarement neuves, on le comparait à des semelles de bottes. J'en avais mangé deux tranches, et pour cela j'étais fort envié à la table d'hôte, l'un enviait mon appétit, l'autre mes dents. J'étais donc comme un homme qui a mangé à son déjeuner une paire de souliers. Moi, j'enviais les cormorans.

Une heure après, toujours par le sentier tortueux de la falaise, j'approchai du Bourg-d'Ault, but principal de ma course. A un détour du sentier, je me suis trouvé tout à coup dans un champ de blé situé sur le haut de la falaise et qu'on achevait de moissonner. Comme les fleurs d'avril sont venues en juin cette année, les épis de juillet se coupent en septembre. Mais mon champ était délicieux, tout petit, tout étroit, tout escarpé, bordé de haies et portant à son sommet l'océan. Te figures-tu cela? vingt perches de terre pour base, et l'océan posé dessus. Au rez-de-chaussée des faucheurs, des glaneuses, de bons paysans tranquilles occupés à engerber leur blé, au premier étage la mer, et tout en haut, sur le toit, une douzaine de bateaux pêcheurs à l'ancre et jetant leurs filets. Je n'ai jamais vu de jeu de la perspective qui fût plus étrange. Les gerbes faites étaient posées debout sur le sol, si bien que pour le regard leur tête blonde entrait dans le bleu de la mer. A la ligne extrême du champ une pauvre vache insouciante se dessinait paisiblement sur ce fond magnifique. Tout cela était serein et doux, cette églogue faisait bon ménage avec cette épopée. Rien de plus frappant, à mon sens, rien de plus philosophique que ces sillons sous ces vagues, que ces gerbes sous ces marins, que cette moisson sous cette pêche. Hasard singulier qui superposait les uns aux autres, pour faire rêver le passant, les laboureurs de la terre et les laboureurs de l'eau.

Au sortir de ce champ, la scène changeait encore. Le ravin où je marchais se fermait d'un côté, se déchirait brusquement de l'autre, et je ne voyais plus que la terre, la riche terre de Normandie, les plaines à perte de vue que termine un liséré violet, et au loin les têtes rondes des pommiers. Car, c'est encore là une de ces harmonies qu'on rencontre partout, à chaque pas, le pommier est une pomme. La forme du poirier s'allonge un peu.

Mon guide était un homme d'Étretat, et ne connaissait pas mieux le chemin que moi. Un moment nous avons marché au hasard. Heureusement nous avons vu venir vers nous, à une intersection de sentiers, un gros fagot de bois qui avait deux pieds. C'était un pauvre vieillard, plié en deux sous son fardeau bien plus composé encore d'années que de broussailles. Ce vieux brave homme nous a remis dans notre chemin, ce qui fait que j'ai payé deux guides. L'autre se bornait à me donner de sages conseils.

J'ai demandé au vieux fagotier quel âge il avait. Quatrevingt-deux ans. C'est un âge qu'ils atteignent aisément, hommes et femmes, dans ces pauvres hameaux qui nous font tant de pitié. Et pourtant le travail les courbe, le vent les hâle, le soleil les ride, et ils nous semblent vieux à quarante ans. Au fond, à soixante ans ils sont moins vieux que nous à trente. On s'use moins vite par le dehors que par le dedans.

A deux heures et demie, j'entrais au Bourg-d'Ault. On passe quelques maisons, et tout à coup on se trouve dans la principale rue, dans la rue mère d'où s'engendre tout le village, lequel est situé sur la croupe de la falaise. Cette rue est d'un aspect bizarre. Elle est assez large, fort courte, bordée de rangées de masures, et l'océan la ferme brusquement comme une immense muraille bleue. Pas de rivage, pas de port, pas de mâts. Aucune transition. On passe d'une fenêtre à un flot.

Au bout de la rue en effet on trouve la falaise, fort abaissée, il est vrai. Une rampe vous mène en trois pas à la mer, car il n'y a là ni golfe, ni anse, pas même une grève d'échouage comme à Étretat. La falaise ondule à peine pour le Bourg-d'Ault.

C'est alors que je me suis expliqué le bruit furieux

de serrurerie qui m'avait assourdi en entrant dans le village. *Ferri rigor*, comme dirait Virgile ou Charlot. Les gens du Bourg-d'Ault ne pouvaient être marins ni pêcheurs, ils n'avaient pas de port. Ils se sont faits serruriers. Ils y réussissent, ma foi, car ils ont un gros commerce avec le centre de la France, et ils se vengent de Neptune en lui faisant un tapage infernal aux oreilles.

Il s'envole perpétuellement du Bourg-d'Ault une noire nuée de serrures qui va s'abattre sur Paris, sur vos portes, mesdames.

En examinant la rue, j'ai amnistié les masures. Il y a là deux maisons curieuses; une, à droite, du quatorzième siècle, l'autre, à gauche, du seizième. Sur la première, j'aurais voulu avoir le temps de dessiner les bouts de poutres qui sont énormes et sculptés en têtes presque égyptiennes. La seconde a des détails ravissants. Les charpentes de la façade ont à de certains endroits des arabesques du goût le plus ferme et le plus pur. La maison du quatorzième siècle est en face. On dirait l'Égypte et l'Italie qui se regardent. Sur celle du seizième siècle, en ne s'arrêtant pas (sans les dédaigner toutefois) aux masques grotesques qui mordent le bout des volutes pour amuser les matelots, on trouve des figures, deux surtout, pleines de style et qui ont pour chevelure et pour collerette des rinceaux exquis. C'est vraiment une charmante apparition. On est au milieu d'un misérable tas de cabanes, dans une rue à peine pavée, à soixante lieues de Rubens, à quatre cents lieues de Raphaël, à six cents lieues de Phidias, à deux pas d'un huissier qui s'appelle M. Beauvisage, on n'a dans la tête qu'une musique de limes, de scies et d'enclumes, on se retourne, et voilà que l'art vient s'épanouir sur la poutre d'une masure, et Dieu sourit. — Il est vrai que l'océan est là. Partout où est la nature, sa fleur peut pousser, et la fleur de la nature, c'est l'art.

Il n'y a pas que ces deux maisons au Bourg-d'Ault. Il y a aussi une vieille belle église, bien vieille et bien belle, germée au douzième siècle et éclose au quinzième. On la réparait quand j'y suis entré. Deux maçons rampaient à plat ventre sur une échelle appliquée au toit. Dieu veuille qu'on ne la gâte pas!

Comme les maçons y étaient, on m'a refusé l'entrée du clocher, qui est fort haut placé, et doit avoir une vue admirable. J'ai eu beau insister.

Ce qui m'amenait au Bourg-d'Ault, c'est que c'est là que la falaise commence. Pour mon guide, qui était d'Etretat et qui, bien entendu, faisait de sa bourgade le centre du monde, c'est au Bourg-d'Ault que la falaise finit. — *Voyez, monsieur*, me disait-il, d'une manière assez pittoresque en me montrant la côte qui s'abaissait jusqu'aux plaines, *elle finit en sifflet*.

J'ai fait quelques pas sur les galets du Bourg-d'Ault, puis je suis remonté dans le village pour redescendre avec la falaise dans les plaines de sable où les dunes viennent aboutir de leur côté.

La mer ronge perpétuellement le Bourg-d'Ault. Il y a cent cinquante ans, c'était un bien plus grand village qui avait sa partie basse abritée par une falaise au bord de la mer. Mais un jour la colonne de flots qui descend la Manche s'est appuyée si violemment sur cette falaise qu'elle l'a fait ployer. La falaise s'est rompue et le village a été englouti. Il n'était resté debout dans l'inondation qu'une ancienne halle et une vieille église dont on voyait encore le clocher battu des marées quelques années avant la Révolution, quand les vieilles femmes qui ont aujourd'hui quatrevingts ans étaient des marmots roses.

Maintenant on ne voit plus rien de ces ruines. L'océan a eu des vagues pour chaque pierre; le flux et le reflux ont tout usé, et le clocher qui avait arrêté des nuages n'accroche même plus aujourd'hui la quille d'une barque.

Ne pouvant voir cette église évanouie, j'ai visité l'autre avec soin; l'intérieur du moins, car je viens de te dire ma déconvenue du clocher. Quelques chapiteaux curieux, quelques frises délicates, et d'horribles peintures à accrocher sur les échoppes, voilà tout ce que renferme l'église. Elle est entourée de tombes. Ces petits monuments lugubres poussent volontiers à l'ombre des églises, comme les superstitions autour de la religion. Pourtant les unes ne contiennent que la cendre et la mort, l'autre contient la vie.

Depuis la catastrophe du bas village, tout le Bourg-d'Ault s'est réfugié sur la falaise. De loin tous ces pauvres toits pressés les uns dans les autres font l'effet d'un groupe d'oiseaux mal abrité qui se pelotonne contre le vent. Le Bourg-d'Ault se défend comme il peut, la mer est rude sur cette côte, l'hiver est orageux, la falaise s'en va souvent par morceaux. Une partie du village pend déjà aux fêlures du rocher.

Ne trouves-tu pas, chère amie, qu'il résulte une idée sinistre de ce village englouti et de ce village croulant? Toutes sortes de traditions pleines d'un merveilleux effrayant ont germé là. Aussi les marins évitent cette côte. La lame y est mauvaise; et souvent, dans les nuits violentes de l'équinoxe, les pauvres gens du Tréport qui vont à la pêche dans leur chasse-marée, en passant sous les sombres falaises du Bourg-d'Ault, croient entendre aboyer vaguement les guivres de pierre qui regardent éternellement la mer du haut des nuées, le cou tendu aux quatre angles du vieux clocher.

Cet endroit est beau. Je ne pouvais m'en arracher. C'est là qu'on voit poindre et monter cette haute falaise qui mure la Normandie, qui commence au Bourg-d'Ault, s'échancre à peine pour le Tréport, pour Dieppe, pour Saint-Valery-en-Caux, pour Fécamp, où elle atteint son faîte culminant, pour Étretat où elle se sculpte en ogives colossales, et va expirer au Havre, au point où s'évase cet immense clairon que fait la Seine en se dégorgeant dans la mer.

Où naît la falaise, la dune meurt. La dune meurt dignement dans une grande plaine de sable de huit lieues de tour qu'on appelle le désert et qui sépare le Bourg-d'Ault, où la falaise commence, de Cayeux, village presque enfoui dans les sables, où finit la dune.

Il m'a fallu traverser *ce désert* à pied. Le nom n'est, en vérité, pas trop grand pour la chose. Figure-toi, chère amie, une immense solitude bornée à l'horizon par de vagues collines. Pas un homme, pas une cabane, pas un arbre. On marche ainsi trois grandes heures. La mer se rue souvent sur ces plaines et jette sur le sommet de toutes les basses ondulations de sable dont elle est formée comme une lèpre de galets. Dans les petites vallées que ces ondulations laissent entre elles, il pousse un gazon maigre et court. Rien dans ces landes ne rappelle la vie dont nous vivons ou le monde auquel nous tenons, si ce n'est une batterie qu'on rencontre au bord de la mer avec quelques canons qui font ce qu'ils peuvent pour avoir un air de force et de puissance ; mais à chaque marée l'océan crache dessus.

A six heures, j'entrais à Cayeux. J'étais vraiment las. Depuis midi je marchais au soleil dans les sables et dans les galets. A Cayeux, j'ai quitté mon guide, je l'ai payé et je lui ai indiqué son chemin pour s'en revenir.

J'ai eu là un bonheur. Il me restait deux lieues à faire à pied pour gagner Saint-Valery-sur-Somme, et j'en étais effrayé. Je rêvais assez mélancoliquement à cette route, tout en suivant la trace de petites croix que les pattes d'un pigeon avaient laissées sur le sable. En ce moment-là un bon gros fermier passait dans sa carriole, il m'a aperçu au milieu des monticules de poussière impalpable où s'enlisent les masures de Cayeux ; il paraît que je lui ai plu, et il m'a offert l'hospitalité dans sa carriole. Il allait comme moi à Saint-Valery. J'ai accepté vivement, et puis il s'est trouvé que c'était de la vraie hospitalité, plante fort rare ; car lorsque j'ai voulu offrir un prix quelconque à ce brave homme, il s'est presque offensé. J'ai dû me résigner à voyager gratis. Cela ne m'était pas encore arrivé.

Le cheval trottait rapidement, la route était redevenue bonne ; avant sept heures nous descendions à Saint-Valery. Là j'ai quitté mon excellent fermier. J'arrivais à temps pour prendre la patache qui va à Abbeville.

Le port de Saint-Valery était charmant au crépuscule. On distinguait au loin les dunes du Crotoy et, comme une nébulosité blanchâtre, les vieilles tours arrachées et démolies au pied desquelles j'avais dessiné deux jours auparavant.

Au premier plan, à ma droite, j'avais le réseau noir et inextricable des mâts et des cordages. La lune, qui se couchait hier une heure après le soleil, descendait lentement vers la mer ; le ciel était blanc, la terre brune, et des morceaux de lune sautaient de vague en vague comme des boules d'or dans les mains d'un jongleur.

Un quart d'heure après j'étais en route pour Abbeville. J'ai toujours aimé les voyages à l'heure crépusculaire. C'est le moment où la nature se déforme et devient fantastique. Les maisons ont des yeux lumineux, les ormes ont des profils sinistres ou se renversent en éclatant de rire, la plaine n'est plus qu'une grande ligne sombre où le croissant de la lune s'enfonce par la pointe et disparait lentement, les javelles et les gerbes debout dans les champs au bord du chemin vous font l'effet de fantômes assemblés qui se parlent à voix basse ; par moments on rencontre un troupeau de moutons dont le berger, tout droit sur l'angle d'un fossé, vous regarde passer d'un air étrange ; la voiture se plaint doucement de la fatigue de la route, les vis et les écrous, la roue et le brancard poussent chacun leur petit soupir aigu ou grave ; de temps en temps on entend au loin le bruit d'une grappe de sonnettes secouée en cadence, le bruit s'accroît, puis diminue et s'éteint, c'est une autre voiture qui passe sur quelque chemin éloigné. Où va-t-elle ? d'où vient-elle ? la nuit est sur tout. A la lueur des constellations qui font cent dessins magnifiques dans le ciel, vous voyez autour de vous des figures qui dorment et il vous semble que vous sentez la voiture pleine de rêves.

Pardon, chère amie, je t'écris toutes mes impressions. Comme elles viennent à moi, elles s'en vont vers toi. Toutes mes sensations comme tous mes sentiments sont à toi.

A onze heures du soir j'étais à Abbeville.

Mon projet était de retourner aujourd'hui par mer à Étaples. Il m'a fallu y renoncer. Les heures de la marée ne s'accommodaient pas avec ma fantaisie. Je ne t'ai pas assez parlé de ce joli hameau d'Étaples. Il y a là une auberge comme je les aime, une petite maison propre, honnête, bourgeoise, deux hôtesses qui sont deux sœurs, jeunes encore, fort gracieuses vraiment, de fort bons soupers de gibier et de poisson, et sur la porte un lion d'or qui a un air tout doux et tout pastoral, comme il convient à un lion mené en laisse par deux demoiselles. Les deux maîtresses du logis font bâtir en ce moment, elles agrandissent leur maison. C'est de la prospérité. J'en ai été charmé.

Je n'ai pas trouvé de meilleure auberge dans toute la Belgique. J'exepte pourtant Louvain et Furnes. A Louvain, c'est l'hôtel du *Sauvage*, tenu par une brave grosse châtelaine flamande, la cordialité même. A Furnes, c'est l'hôtel de *la Noble Rose*, vieux nom de senteur allemande qui m'avait attiré. L'hôtesse ici est une jeune fille, fille des maîtres du logis, jolie et modeste, et pourtant accueillant bien, sans mines et sans pruderie. On ne voit pas ses vieux parents. C'est elle qui fait tout dans la maison et qui gouverne le groupe grossier des servantes comme une petite fée. Elle a un air de dignité singulière que rehausse sa grande jeunesse. Je lui disais entre autres fadaises que la noble rose n'était pas seulement sur son enseigne.

C'est pourtant dans cette charmante auberge que s'est nouée et dénouée une hideuse aventure. Te souviens-tu du procès de ce Mark et de cet Armand qui avaient assassiné une femme dans les dunes, dans ces mêmes dunes où j'ai fait une si riante promenade, et qui l'y avaient ensevelie? C'est de l'auberge de Furnes, *la Noble Rose*, qu'ils étaient partis, pour se promener, disaient-ils, avec cette pauvre jeune femme, qui était mariée à l'un d'eux. Le soir, ils revinrent sans elle et se hâtèrent de partir pour la France. Mais ils avaient oublié quelque chose, leur bourse, je crois, dans l'auberge; ce qui les força de rétrograder, croyant d'ailleurs leur crime bien enfoui. Mais la mer avait son rôle dans ce drame fatal, elle était montée cette nuit-là jusqu'à *la dune* et avait *déterré* la *femme morte*, si bien qu'au même jour, au même instant, la providence amenait d'un côté, à l'auberge de *la Noble Rose*, la civière où était le cadavre, et d'un autre la diligence qui portait les assassins. Au moment où ils arrivèrent, le bourgmestre interrogeait le maître de l'auberge sur les deux étrangers inconnus, meurtriers présumés de cette femme; il n'eut qu'à se retourner vers les voyageurs qui descendaient de la diligence pour dire : — Les voici.

C'étaient deux comédiens. L'un d'eux, Mark, homme d'une figure assez belle, quoique sinistre, avait joué le duc de Raguse à l'Odéon dans le *Napoléon* de Dumas. C'était le fanfaron, l'homme fort, l'inventeur du crime; Armand, caractère faible, obéissait. Aux assises, Mark, bâtard d'un ministre, disait-on, fut hautain et hardi, Armand pâle et abattu. Ils furent condamnés. Le brave mourut en lâche, et le lâche en brave. — Toute cette histoire a tourné autour de *la Noble Rose*.

Ne pouvant aller à Étaples, j'ai changé mon itinéraire, et je suis venu à Dieppe. Ce matin je déjeunais à Eu. L'église méritait bien d'être vue deux fois. C'est une belle nef et qui fait de loin un superbe profil à la ville. L'église du collège lui ressemble beaucoup à distance, et, quand on arrive par la route d'Aumale, on voit l'une derrière l'autre ces deux églises, la petite répétant la grande, comme un écho.

Pendant que j'attendais mon déjeuner, je voyais la cuisinière soigner avec inquiétude je ne sais quel ragoût composé d'orties blanches mêlées de jaunes d'œufs écrasés et cuites à petit feu. Je lui ai demandé pour qui ces épinards. Elle m'a répondu : *pour mes dindons*. Et puis elle m'a expliqué la chose. Ces dindons sont des dindonneaux. Rien n'est plus difficile à élever qu'un dindon, etc. Je l'ai suivie quand elle leur a porté leur déjeuner, et j'ai écouté avec grand plaisir la conversation de ces messieurs, qui valait, je t'assure, bien des conversations de table d'hôte. — Souvent les hommes gloussent et les bêtes parlent.

Elbeuf, 10 septembre, 9 heures du soir.

Je me hâte, chère amie, de finir cette lettre. De Dieppe je suis allé au Havre, et du Havre je suis descendu jusqu'à Elbeuf par le bateau à vapeur. C'est un beau couronnement à mon voyage que ces admirables bords de la Seine.

Ce matin à quatre heures le bateau sortait du Havre. La mer était houleuse, il faisait encore nuit; au point du jour nous atteignions Honfleur et au soleil levant Quillebœuf. A midi nous étions à Rouen.

Je n'avais encore vu le cours de la Seine que par la route de terre. Le papier me manque pour te dire combien c'est beau, je te le dirai de vive voix à Paris. Par moments il y a des petites falaises qui imitent les grandes et des petites vagues qui copient les grosses. Ils ont aussi, vers Tancarville, des petites tempêtes et de grands naufrages. Pendant des lieues les collines, hautes et escarpées, ont des ondulations gigantesques. On croirait côtoyer des fosses de Titans.

Je t'ai déjà dit, dans mes autres voyages, combien Rouen est admirable, je ne t'en parlerai donc pas. J'ai revu Villequier, Caudebec, la Meilleraye. Il y avait un singe dans le bateau, ce qui fait que personne n'a regardé Jumiéges.

La sortie de Rouen est magnifique. On longe une série de quinze à vingt énormes collines qui s'enchaînent comme des vertèbres. Tout ce chemin par eau jusqu'à Elbeuf est merveilleux. Il y a ici deux églises, Saint-Jean et Saint-Étienne, fort dégradées, Saint-Jean plus encore que Saint-Étienne. Dans toutes deux de beaux vitraux. Dans Saint-Étienne j'en ai remarqué un qui est superbe et qui porte cette inscription : « En l'an mil cinq cent vingt et trois, Pierre Grisel et Marion sa femme ont donné cette verrière. Priés Dieu pour leurs âmes. » Au-dessus sont peints les donateurs, Pierre Grisel dans son digne costume d'échevin, accompagné de son fils, tout jeune enfant, et, dans l'autre panneau, sa femme avec ses trois filles. Marion est charmante. — La verrière représente la généalogie de la Vierge, sujet qui est pour les vitraux ce que la descente de croix est pour les tableaux, une chose souvent traitée et presque toujours réussie. — Je ne sais quel architecte stupide a mis aux vieux piliers de Saint-Étienne des couronnes de marquis en guise de chapiteaux.

Il y a encore quelques vieilles maisons dans Elbeuf, entre autres une boucherie à côté de ma fenêtre. Mais les manufactures prospèrent trop pour que les anciennes maisons ne fassent pas place à des maisons blanches, dignes d'un siècle de lumière où le plâtre est en honneur.

Je pars demain pour Louviers. Je finis ma lettre en t'embrassant bien tendrement, mon Adèle. Dis bien à ma chère petite Didine que dans quatre jours je serai près de vous. Dis-le bien à tous.

XVI

LOUVIERS.

Louviers, 11 septembre, midi.

Voici la grosse lettre * dont je te parlais, mon Adèle, dans mon billet du Havre. Ne la lis pas, car je serai à Paris presque en même temps qu'elle. Je vais voir la châsse de saint Taurin, et je serai près de toi le 14, *jeudi*. Je suis comme cloué dans ce maudit Louviers, les diligences passent bien, mais pleines. En voilà trois qui se moquent ainsi de moi.

A jeudi donc, mon Adèle bien-aimée. A jeudi, vous tous que j'aime tant, mes chers petits enfants; ma Didine, ma Dédé, et mes deux bons petits lauréats, Toto et Charlot, que je baiserai bien pour leurs prix. — Dis à ton père combien j'aurai de joie à le revoir. Je l'embrasse ainsi que toi. Mille baisers. A jeudi.

12 septembre 1837, aux Andelys.

Hier, entre Louviers et Pont-de-l'Arche, vers midi, j'ai rencontré sur la route une famille de pauvres musiciens ambulants qui marchait au grand soleil. Il y avait le père, la mère et six enfants, tous en haillons. Ils suivaient le plus possible la lisière d'ombre que font les arbres. Chacun avait son fardeau. Le père, homme d'une cinquantaine d'années, portait un cor en bandoulière et une grande contrebasse sous son bras; la mère avait un gros paquet de bagages; le fils aîné, d'environ quinze à seize ans, était tout caparaçonné de hautbois, de trompettes et d'ophicléides; deux autres garçons plus jeunes, de douze à treize ans, s'étaient fait une charge d'instruments de musique et d'instruments de cuisine où les casseroles résonnaient à l'unisson des cymbales; puis venait une fille de huit ans, avec un porte-manteau aussi long qu'elle sur le dos; puis un petit garçon de six ans affublé d'un havresac de soldat; puis enfin une toute petite fille de quatre à cinq ans, en guenilles comme les autres, marchant aussi sur cette longue route en suivant bravement avec son petit pas le grand pas du père. Celle-là ne portait rien. Je me trompe. Sur l'affreux chapeau déformé qui couvrait son joli visage rose, elle portait — c'est là ce qui m'a le plus ému — un petit panache composé de liserons, de coquelicots et de marguerites, qui dansait joyeusement sur sa tête.

J'ai longtemps suivi du regard ce chapeau hideux surmonté de ce panache éclatant, charmante fleur de gaîté qui avait trouvé moyen de s'épanouir sur cette misère. De toutes les choses nécessaires à cette pauvre famille, la plus nécessaire, c'est à la petite bégayant à peine que la Providence l'avait confiée. Les autres portaient le pain, l'enfance portait la joie. Dieu est grand.

* Celle de Dieppe, 8 septembre ».

1839

MIDI DE LA FRANCE

ET

BOURGOGNE

Le voyage dans le Midi de la France et la Bourgogne termine le long voyage de 1839, dont la publication commence dans le *Rhin* et continue dans *Alpes et Pyrénées*.

On remarquera que, pour cette fin de la route, les notes d'album sont mêlées aux lettres, les unissent et les complètent.

1839

I

— Albums —

AVIGNON

25 septembre.

Arriver à Avignon par un beau soleil couchant d'automne, c'est une admirable chose. L'automne, le soleil couchant, Avignon, ce sont trois harmonies.

La ville des papes s'en va, *elle* aussi; l'année de Pierre, cette année qui devait être un cycle, est à son automne; le soleil couchant catholique, qui s'est levé dans Avignon comme dans Rome, est à son couchant.

De loin, l'admirable ville, qui a quelque chose du destin de Rome, a quelque chose de la forme d'Athènes. Ses murailles, dont la pierre est dorée comme les ruines augustes du Péloponèse, ont un reflet de la beauté grecque. Comme Athènes, Avignon a son acropolis; le château des papes est son parthénon.

Les collines sont calcaires, les toits sont italiens; ce qui enveloppe la ville d'un horizon plein de tons chauds et de lignes droites, que coupent dans le lointain des groupes de grosses tours rondes. A mesure que vous avancez, le mouvement du bateau à vapeur en marche fait que ces groupes de tours se décomposent et se recomposent aux rayons du soleil, sans jamais rien perdre de leur unité pittoresque et sévère, comme si Poussin lui-même les dérangeait et les remettait à leur place.

Quand on approche de la ville, la figure grecque et antique de la vieille Avignon se modifie, sans disparaître pourtant, et l'idée catholique prend forme et se fait jour. Les clochers se multiplient, les aiguilles gothiques percent ce magnifique entassement d'architecture; le château des papes devient pour le regard une sorte de cathédrale romane gigantesque, qui a sept ou huit tours énormes pour façade et une montagne pour abside; des ogives se dessinent çà et là dans l'enceinte fortifiée; des ailerons arabes s'attachent aux deux côtés des massives portes-donjons; vers le haut des murs apparaissent des meurtrières d'une forme remarquable: la meurtrière des papes est une croix †.

Tout cela, c'est de la grandeur ajoutée à de la grandeur; comme je l'ai dit plus haut, c'est Rome surgissant dans Athènes. La meurtrière elle-même ne choque pas. La tiare était casque par un côté. Jules II, qui fut évêque d'Avignon avant d'être pape, l'a souvent montrée de ce côté-là aux rois de l'Europe. La croix catholique n'est pas seulement *une croix*, elle est quelquefois un marteau, elle est quelquefois une épée.

Maintenant que le flot se retire d'elle, Avignon n'est plus qu'une petite ville, mais c'est une petite ville d'un aspect colossal.

J'y suis arrivé vers le soir, le soleil venait de disparaître dans une brume ardente; le ciel avait déjà ce bleu vague et clair qui fait si vivement resplendir Vénus; quelques têtes brunes et hâlées se montraient sur les hautes murailles comme dans une ville turque; une cloche tintait, des bateliers chantaient sur le Rhône, quelques femmes pieds nus couraient vers le port; je voyais par une porte ogive monter dans une rue étroite un prêtre portant le viatique, précédé d'un bedeau chargé d'une croix et suivi d'un fossoyeur chargé d'une bière; des enfants jouaient sur des pierres à fleur d'eau au bas du quai; et je ne saurais dire quelle impression résultait pour moi de la mélancolie de l'heure mêlée au grandiose du spectacle.

Avignon se meurt comme Rome, de la même maladie que Rome, avec autant de majesté que Rome.

Pourtant, si vous voulez conserver l'impression entière, si vous voulez emporter dans votre esprit, dans votre cœur peut-être, Avignon vierge et vénérée, et si vous voulez qu'aucun sentiment moindre ne trouble en vous les hautes pensées qui sortent de la contemplation de cette ville, n'abordez pas. N'entrez pas dans Avignon, passez en toute hâte, descendez le Rhône, gagnez Beaucaire ou Marseille, une cité marchande quelconque, et de là retournez-vous vers Avignon pour l'admirer.

Si vous persistez, si vous oubliez cette importante vérité que le voyageur ne connaît jamais des mœurs d'une ville que leur côté hideux, l'hospitalité vendue, la domesticité momentanée et spoliatrice, l'auberge en un mot, et qu'il n'expérimente jamais la maison cordiale, gratuite, amicale et bienveillante ; si vous voulez à toute force dormir, boire et manger dans cette cité spectre qu'on appelle Avignon, si vous lui manquez de respect à ce point, voici ce qui vous arrivera, voici ce qui m'est arrivé.

Vous abordez, le bateau touche le quai, on jette la planche, vous prenez votre sac de nuit (je suppose que vous savez voyager et que vous ne vous embarrassez que d'un sac de nuit), vous donnez votre billet et vous sautez à terre. Vous êtes leste, joyeux, épanoui, vous regardez les ogives des tours, et vous n'avez pas même vu les horribles figures qui bordaient le quai et qui vous attendaient à votre descente. Vous voilà parmi elles cependant, elles vous entourent, elles vous tiraillent, elles vous assourdissent, et vous êtes bien obligé de vous apercevoir que vous êtes au milieu des portefaix d'Avignon. Or vous allez savoir ce que c'est que les portefaix d'Avignon.

Ce sont des espèces de géants mal taillés, laids, trapus, robustes, carrés, velus, odieux à voir. Ils s'emparent de vous, vous coudoient en tumulte et vous disent avec un affreux patois et un affreux sourire obligeant : — Monsieur a-t-il du bagage? — Vous répondez innocemment *oui*, et vous montrez votre sac de nuit. — *Que ça!* répliquent les colosses charabia, *c'est bon pour un vieillard ou pour un enfant*. Et ils vous considèrent, vous et votre bissac, avec un inexprimable dédain.

Comme il est toujours désagréable de traverser une ville, sans savoir où l'on va, avec une sacoche sur l'épaule, vous attendez qu'un de ces drôles prenne votre *bagage*. Personne n'y touche. Vous cherchez des yeux un enfant ou un vieillard. Aucun ne se présente. Vous prenez votre parti, et vous décampez bravement par la ville cherchant un gîte, votre paquet sous le bras. A peine avez-vous fait trois pas qu'un des géants court à vous, vous arrache votre fardeau et se met à marcher devant vous. Vous le suivez. En deux minutes il est à la porte d'un hôtel.

Si c'est l'*hôtel du Palais-Royal*, l'hôtelier vous examine de la tête aux pieds, reconnaît que vous avez une casquette sur la tête, des bottes poudreuses aux pieds, un sac de nuit pour tout bagage, juge d'un coup d'œil le gibier maigre et méprisable, et vous déclare qu'il n'a plus de chambre. Notez que son auberge est déserte. Si c'est l'*hôtel de l'Europe*, qui est en face, le maître vous admet et vous conduit silencieusement à une chambre quelconque.

Votre portefaix est toujours là. Il faut le payer. Il peut arriver que les innombrables pourboires de la journée aient épuisé votre monnaie et qu'il ne vous reste plus que des pièces d'or dans votre bourse. Vous vous tournez tout naturellement vers l'hôtelier avignonnais et vous dites en lui montrant le porte-balle avignonnais : *Faites donner quinze sous à cet homme*. Ici la scène change, l'hôtelier vous regarde d'un air effaré et conclut de ces quatre petits mots que vous n'avez pas d'argent. Rien de grotesque comme un nuage de ce genre sur une figure d'aubergiste. Son œil va tour à tour de votre sac de nuit à vous, de vous à votre sac de nuit, et le stupide portefaix broche sur le tout. Comme vous avez faim, comme vous tenez à coucher quelque part, vous ne vous fâchez pas, vous tirez un napoléon de votre poche et vous dites à l'hôtelier : Changez-moi ceci. Un moment après, l'hôtelier revient avec la monnaie, rassuré et piteux. Alors vous prenez dans le tas quinze sous, et pour les trois chemises qu'il a portées et pour les trois pas qu'il a faits, vous les donnez au portefaix.

Ici autre péripétie, le géant refuse. — *Ce n'est pas assez*, dit-il. Vous êtes légèrement surpris. Ah bah! pensez-vous, c'est un sauvage qui ne connaît pas le prix de l'argent; et vous lui donnez vingt sous. — *Il me faut trente sous*, dit l'homme.

Je suis assez indifférent à l'endroit des pièces de trente sous, indifférent comme un millionnaire, indifférent comme un poëte, quoique je ne sois ni poëte ni millionnaire. Cependant je déclare qu'une pièce de trente sous m'a quelquefois donné de la colère pour toute ma vie. Je me souviendrai jusqu'à mon dernier jour de la pièce de trente sous d'Avignon.

Vous essayez quelques observations : — Comment! pour trois pas! pour un paquet qui pèse trois livres! Mais pour quinze sous un commissionnaire traverse tout Paris les crochets sur le dos! mais, mon drôle, tu gagnes donc cinquante francs par jour? — Le géant reste impassible. — *Nous sommes tous associés à Avignon*, dit-il, *et il me faut trente sous*. Vous reprenez : — Mais si j'avais une malle? Il répond : — *Ce serait trois francs*.

Que faire? en référer à l'aubergiste? faire appeler le commissaire de police? Mais l'aubergiste et lui s'entendent; mais le commissaire de police vous fera perdre votre temps en niaiseries quasi judiciaires; et puis toute la repoussante cohue des porte-balles d'Avignon est là qui pullule sous les fenêtres. En tout cas ce serait beaucoup de bruit pour peu de chose.

L'homme continue de répéter : *Trente sous! nous sommes tous associés*.

Alors vous lui dites : — *Donc vous êtes une bande*, et vous lui donnez ses trente sous.

Mais vous êtes outré, la face sinistre et louche du portefaix vous remet d'étranges souvenirs en mémoire;

vous vous rappelez les sanglantes prouesses de cette populace d'Avignon, et, à propos d'un sac de nuit et d'une pièce de trente sous, vous voyez apparaître sous le plafond défoncé de l'auberge du *Palais-Royal* l'ombre pâle du maréchal Brune, et vous entendez ricaner Trestaillons.

Vous voyez bien qu'il aurait mieux valu ne pas entrer dans Avignon.

Un marand qui réclame le double et le triple de ce qu'on lui doit, cela se voit partout; mais je n'ai vu qu'à Avignon ce sordide portefaix local, avec son air fauve et violent. On sent que ce lazzarone provençal ne porterait pas une malle pour trois francs, mais qu'il tuerait un homme pour deux sous.

Je ne veux pas être injuste envers cette noble ville. Avignon sans doute, pour ceux qui l'habitent, est plein de familles dignes, honnêtes, probes, hospitalières; mais, pour le voyageur rapide qui ne peut prendre des choses que les aspects et les surfaces, Avignon n'a que deux physionomies bien distinctes. Par le haut c'est la ville des papes, par le bas c'est la ville des portefaix.

Maintenant il va sans dire que j'admets toutes les exceptions et toutes les restrictions. Je viens d'ailleurs de revoir la ville au clair de lune, plus belle et plus surprenante encore qu'au soleil couchant. Et puis l'air est chaud, le vent est doux, le ciel est bleu.

Hier j'étais à Lyon, il pleuvait à verse. A cinq heures ce matin, je quittais Lyon qui grelottait de froid sous un gros nuage; à cinq heures ce soir, j'étais ici. C'est un merveilleux voyage. En douze heures je suis allé, non de Lyon à Avignon, mais de novembre à juillet.

26 septembre.

La lune était dans son plein. Quelques étoiles éclatantes piquaient çà et là le bleu du ciel, la brise était chaude. Il y a déjà dans les nuits d'Avignon un souffle du ciel de Grèce et d'Italie. On sent, à ce courant d'air charmant, que la porte de l'Orient est là, tout près, entre-bâillée.

Je marchais le long du quai du Rhône sous les sombres remparts d'Innocent IV. J'avais devant moi le pont d'Avignon que chantent les rondes joyeuses des petites filles, ce vieux pont Bénazet, rompu, tombé, écroulé malgré le saint qui l'a fondé, malgré la chapelle qu'il porte encore au milieu du Rhône.

Les quatre grandes arches se dressaient sur la lune comme une découpure noire avec des silhouettes d'herbes et de ronces à leur sommet. Celle de ces trois arches qui touche au rivage passe sur la route et la couvre de sa vaste archivolte.

C'est sous cette voûte, dont je regardais les profondes lézardes, que la voiture du maréchal Brune fut arrêtée, en 1815, au moment où il sortait d'Avignon. Quelques misérables saisirent les chevaux à la bride et leur firent rebrousser chemin. Après avoir fait quelques pas hors de l'arche avec cette hideuse populace à la tête de ses chevaux, le maréchal put lire sur la devanture d'une maison du quai cette légende écrite au-dessous d'une madone où elle est encore : *Notre-Dame de la Garde, priez pour nous. 7 septembre* 1812.

Ils forcèrent le maréchal à entrer dans la ville par la vieille porte-forteresse qui fait face au pont de bois.

Il y avait là, à droite, dans une petite place, une auberge, *l'hôtel du Palais-Royal*, qui existe encore. Le maréchal s'y réfugia. C'est là qu'il fut assailli, c'est là qu'il refusa de s'enfuir. C'est là que Pointu, Farge et Mallaine l'égorgèrent. C'est de cette auberge qu'on tira son cadavre pour le lier à la queue d'un cheval et l'aller jeter dans le Rhône.

Je me suis promené jusqu'à minuit sur cette place sinistre. L'hôtel du Palais-Royal occupe un des côtés. Cinq beaux micocouliers, qui ont vu le crime, donnent leur ombre à ce pavé, deux à gauche, trois à droite.

Près de l'auberge, au fond, au delà des trois arbres, on voit la façade noire, coquette et maniérée d'un édifice du dix-huitième siècle. Les baies contournées de cette façade sont aujourd'hui murées et dénaturées. Dans un encadrement de guirlandes qui est au-dessus de la porte, j'ai aperçu quelques traces d'une inscription effacée. J'ai déchiffré, non sans peine : *Salle des spectacles*. Plus loin, à l'angle du mur au delà duquel s'enfonce une rue, il y a cet écriteau : *Place de la Comédie*.

Au reste, 1815 ne faisait que répéter 93. En 1815, Pointu traînait au Rhône le corps du maréchal Brune; en 93, Jourdan traînait au Rhône un autre cadavre plus illustre encore. C'était celui de Jacques d'Ossa, de Cahors, pape sous le nom de Jean XXII, qui, après avoir dormi quatre cent cinquante-neuf ans sous la voûte byzantine de Notre-Dame des Doms, venait d'être brusquement réveillé dans son tombeau. Quelques déchargeurs de bateaux, ivres de gros vin et de passion sauvage, jetèrent en riant dans le fleuve ce pape redoutable qui avait canonisé saint Thomas d'Aquin, amnistié Nicolas V antipape, et excommunié Louis de Bavière empereur.

Qu'on ne s'y méprenne pas, il n'y dans les villes comme Nîmes et Avignon ni jacobins, ni royalistes, ni catholiques, ni huguenots; il y a des massacres périodiques, comme il y a des fièvres. A Paris on querelle, à Avignon on extermine. Pointu et Jourdan, ce ne sont pas des hommes, c'est le même homme à deux époques différentes, c'est le bas peuple avignonnais en temps de révolution.

Il y a tout un travail d'enseignement et de moralisation à faire sur cette malheureuse populace. Ici encore, il faut plaindre peut-être plus que blâmer. La nature et le climat sont complices de toutes les choses monstrueuses que font les hommes. Quand le soleil du midi frappe sur une idée violente contenue dans des têtes faibles, il en fait sortir des crimes.

II

MARSEILLE

Marseille, 30 septembre, 5 heures du soir.

Je suis à Marseille, je débarque, j'ai déjà couru à la poste rue Saint-Anacharsis; voilà bien des jours, mon Adèle, que je n'ai eu de lettre de toi. Il faut attendre encore deux heures! Que faire? Je comptais les employer à te lire, je vais les passer à t'écrire. Je te les avais données dans ma pensée, je ne te les reprendrai pas.

Après les montagnes, j'avais besoin de voir la mer, une mer quelconque, la Méditerranée à défaut de l'Océan. Au reste, je ne me plains pas, la Méditerranée est belle autrement que l'Océan, mais elle est aussi belle. L'Océan a ses nuées, ses brumes, son flot glauque et vitreux, ses dunes en Flandre, ses falaises en Normandie, ses granits en Bretagne, ses voûtes immenses, ses magnifiques marées; la Méditerranée est tout entière sous le soleil, on le sent à l'unité inexprimable qui est au fond de sa beauté; elle a une côte fauve et sévère dont les collines et les roches semblent arrondies ou taillées par Phidias; l'austérité de la rive s'accouple harmonieusement à la grâce du flot; les arbres, là où il y a des arbres, trempent leur pied dans la vague; le ciel est d'un bleu clair, la mer est d'un bleu sombre; ciel et mer sont d'un bleu profond.

Du lac de Lucerne je suis allé au lac Léman; du lac Léman à la Méditerranée. C'est un crescendo. Maintenant, il me faut l'Océan — ou Paris.

Je suis arrivé à la Méditerranée par le Rhône. J'ai vu le Rhône entrer dans la Méditerranée, large de deux lieues, jaune, trouble, fangeux, grand et sale. Il y a six jours je l'avais vu sortir du Léman, sous le vieux pont de moulins de Genève, clair, transparent, limpide, bleu comme un saphir.

Au Léman, le Rhône est comme un jeune homme; à la Méditerranée, il est comme un vieillard. Là-bas il n'a encore vu que ses montagnes, ici il a traversé des villes. Dieu lui donne de la neige, les hommes lui donnent de la fange.

Voilà ce que c'est, mes enfants, que de vivre et de courir. Après avoir vécu, après avoir écumé, rugi, dévoré des torrents et des rivières, brisé des rochers, lavé des ponts, traîné des fardeaux, nourri des villes, reflété le ciel et les nuages, le fleuve, parti étroit et violent du Léman, arrive, immense et calme, à la Méditerranée et s'y ensevelit. Là, il retrouve, sous un ciel éblouissant, avec un horizon sans borne, l'azur profond, serein et splendide du lac de Genève. La tombe ressemble au berceau, seulement elle est plus grande.

Je suis descendu ce matin d'Arles par le paquebot à vapeur. A partir d'Arles, les embarcations marines se montrent sur le fleuve, les rivages reculent et s'aplatissent, puis l'énorme plaine déserte de la Camargue s'empare de la rive gauche, puis l'horizon devient immense. Au midi, le ciel semble se lever comme si sa voûte grandissait. Tout à coup une ligne bleue apparaît. C'est la Méditerranée.

Le vent soufflait de terre, les matelots avaient largué les voiles du paquebot qui avançait rapidement; les rives basses des issues du Rhône se repliaient derrière le navire, et s'évasaient à droite et à gauche comme les bords de la bouche d'une conque; la terre ne nous montrait déjà plus que les hautes collines où vint s'abriter la colonie phocéenne, et le mont Cerdou qui fait une magnifique ampoule dans l'horizon de Marseille comme le mont Ventoux dans l'horizon d'Avignon. L'atmosphère était si transparente que, bien qu'à une distance de douze ou quinze lieues, j'apercevais distinctement toutes les nervures de la montagne, les pentes verdâtres des pâturages et les capricieuses déchirures des torrents.

La vague se gonflait; cependant l'eau était encore fangeuse, mais nous voyions devant nous grandir, s'épaissir et s'approcher la ligne bleue où apparaissaient d'éclatantes flaques d'écume. De temps en temps nous rencontrions des espèces de croix penchées au loin au milieu des vagues, ce sont des mâts de navires naufragés que le hunier coupe vers le haut comme la traverse d'une croix.

Nous étions encore dans le dégorgement du Rhône. Le moment où l'on entre dans le flot de la Méditerranée est admirable. Le flot de la mer est séparé du flot du fleuve d'une manière si distincte et si tranchée qu'il y a un instant appréciable où la proue du navire est dans l'eau bleue, tandis que l'arrière est encore dans l'eau jaune. Je ne comprends pas comment le Rhône fait pour venir à bout de se mêler à cette chaste mer.

Une fois qu'on est dans le flot bleu, le Rhône devient à son tour une ligne blonde qui s'enfonce et se perd derrière les vagues, et l'on a sous les yeux un spectacle ravissant. La mer est un saphir, comme je le disais tout à l'heure; le ciel est une turquoise.

Ce matin le vent était violent, la Méditerranée bondissait joyeusement; il y avait *de la mer*, comme disent les matelots.

Ce n'étaient pas les larges lames de l'Océan, qui vont devant elles et qui se déroulent royalement dans l'immensité; c'étaient des houles courtes, brusques, furieuses. L'Océan est à son aise, il tourne autour du monde; la Méditerranée est dans un vase et le vent la secoue, c'est ce qui lui donne cette vague haletante, brève et trapue. Le flot se ramasse et lutte. Il a autant de colère que le flot de l'Océan et moins d'espace. De là ces effrayantes tempêtes de la Méditerranée.

Il n'y avait pas tempête, mais il y avait émotion. Quelques nuages bas rampaient à l'extrême horizon.

C'était un vent d'équinoxe avec un soleil de solstice. La mer par places était violet foncé; en d'autres endroits elle était d'un vert d'émeraude. Une pluie fine arrachée aux vagues par le vent passait par instant en bouffées sur le paquebot.

J'étais debout sur l'avant. Vers deux heures, le soleil et le vent étaient derrière nous, l'un rayonnant à droite, l'autre soufflant à gauche. Ce réseau de pluie impalpable, violemment emporté par le vent, passait sous l'avant du paquebot, et là, il rencontrait le rayon du soleil, ce qui faisait courir sous mes yeux, comme attaché à la proue du navire, un charmant arc-en-ciel sur l'azur sombre de la mer.

Une belle felouque nous suivait à quelque distance, plus secouée encore que nous. Le vent et le soleil faisaient aussi de ses deux voiles latines deux choses ravissantes, en les gonflant et en les dorant. Tantôt sa conque disparaissait comme dans une vallée, tantôt elle surgissait gracieusement sur le dos des vagues. Autour d'elle s'enflait un flot d'écume énorme et éblouissant. Ce qui faisait que, vue par l'avant, elle ressemblait à un casque renversé laissant frissonner son panache blanc au-dessous de lui.

Cette felouque, mieux servie par sa voilure que nous par nos roues, lesquelles à certains moments ne touchaient pas le flot, nous a dépassés. Elle s'est approchée de nous si près que j'ai pu lire sur la poupe cette inscription : *Confiance en Dieu;* puis elle s'est en uie en bondissant sur la houle avec un mouvement admirable.

A quatre heures et demie, après avoir fait dix lieues en mer, nous débarquions à Marseille. — Je m'interromps, on m'annonce que la poste est rouverte, j'y cours.

7 heures du soir.

Je suis bien triste, mon Adèle bien-aimée ; pas de lettre ! ni de toi, ni de Didine. Ma Didine, écris-moi; écrivez-moi, vous aussi, mes chers petits bien-aimés, Charles, Toto, Dédé. J'irai demain à Toulon, puis je reviendrai à Marseille exprès et j'espère que j'y trouverai des lettres de toi, chère amie, j'en ai vraiment bien besoin! Écris-moi maintenant *et tout de suite*, à *Châlon-sur-Saône*, toujours *poste restante* et toujours *sans prénom.* J'ai écrit à Cologne pour avoir tes lettres, je les attends. J'ai fait demander Méry, il n'est pas à Marseille en ce moment. A bientôt, mon Adèle, écris-moi ; dis à notre excellent Vacquerie de m'écrire. A bientôt. Je vous embrasse tous mille fois.

Ton VICTOR.

III

— Albums —

LES GORGES D'OLLIOULES — TOULON

Excepté les beaux bas-reliefs de David à la porte d'Aix et deux autres bas-reliefs, l'un romain, l'autre byzantin, dans la Majore, Marseille n'a plus rien de monumental. Marseille est un amas de maisons sous un beau ciel, voilà tout.

La vieille porte-forteresse, sur laquelle était cette fière inscription biffée par Louis XIV : *Sub quocumque imperio summa libertas;* le boulevard des Dames, qui rendait témoignage à la bravoure des femmes marseillaises; la tour Sainte-Paule, dont la coulevrine, longue de vingt-quatre pieds, avait jeté ce fameux boulet qui tua sur l'autel le prêtre disant la messe au connétable de Bourbon et fit éclater de rire le marquis de Pescaire, — tout cela a disparu.

De la ville grecque, il ne reste rien; de la ville romaine, rien; de la ville gothique, rien.

Voilà de quelle façon les conseils municipaux de France traitent les villes illustres. Un marchand quelconque a eu besoin de pierre pour bâtir une fabrique de savon, on lui a donné la tour Sainte-Paule. Ainsi, à l'heure où j'écris, dans presque toutes les villes de France, une douzaine de quincaillers ou de bimbelotiers stupides, dûment autorisés par la loi, font à leur gré des ratures à l'histoire.

La route de Marseille à Toulon sort de Marseille par la porte de Rome, passe près d'un obélisque insignifiant, et s'éloigne, un peu comme les routes qui s'en vont de Paris, plus côtoyée de murs que d'arbres. Jusqu'à Cuges, les bastides éparses dans la campagne avec leur puits et leur inévitable mûrier, les jardins plantés d'oliviers et garantis du vent du nord par un paravent de cyprès, de grands roseaux qui ont un faux air de bambous, quelques pins d'Italie çà et là, des collines à têtes crépues couvertes de petits chênes kermès bas comme la bruyère et épineux comme le houx, l'Aubagne, chétive rivière bourbeuse ombragée de micocouliers, des vignes sans échalas, des buissons d'une espèce d'atriplex qu'ils appellent le *buis blanc*, bordent le chemin.

Je suis descendu dans une charmante prairie, piquée de mille étoiles, jaunes et blanches en septembre comme les nôtres en avril; je croyais n'y trouver que des boutons d'or et des marguerites, il y avait plus de vingt espèces de fleurs différentes. En Provence, le rayon du soleil fait pétiller dans l'herbe une végétation éblouissante.

L'horizon, qui est fort beau, se compose des dernières articulations des Alpes Cottiennes.

Cuges est un assez joli bourg posé dans une sorte de grande terrine verte formée de hautes collines et sans la moindre cassure. On ne peut arriver à Cuges qu'en descendant, on n'en peut sortir qu'en montant. L'eau qui descend, mais qui ne monte pas, s'amasse l'hiver au fond de la terrine et y fait une façon de lac.

On déjeune admirablement à Cuges. On y a bien des clovisses au lieu d'huîtres, du fromage de brebis au lieu de beurre et des jujubes au lieu de prunes; mais la table est couverte de becfigues et de rouges-gorges, de tranches de thon grillé, de dorades et de rougets, de figues violettes et de raisins roses, le tout convenablement assaisonné d'ail et d'huile.

Pendant que je déjeunais, le marché se tenait sous la fenêtre de l'auberge, dans une petite place, autour d'un grand arbre dont le tronc fait le dossier d'un banc de pierre circulaire. Hommes et femmes s'accostaient bruyamment avec tous ces gestes provençaux qui accentuent la moindre causerie. Les figues et les pastèques abondaient. De magnifiques poissons amoncelés en pyramides emplissaient les paniers de roseaux de toutes les couleurs de l'arc-en-ciel. Quelques enfants, à côté de moi, agaçaient gaîment un pauvre pince-pigne suspendu au mur dans une cage. Dans un coin de la place murmurait une vieille fontaine-vasque chargée à son sommet de conferva rivularis, dont les cheveux verts laissaient tomber goutte à goutte des perles d'eau étincelante. Tout cet ensemble était aimable et doux.

Après Cuges, la route gravit des hauteurs assez âpres. C'est ici une vraie route apennine, roide, sauvage, encaissée. Il y a quarante ans on y arrêtait les diligences. De temps en temps on y rencontre une paysanne avec son vaste feutre noir, ou un gendarme à cheval, ou un mulet bâté, chargé de ballots, coiffé de grelots et de touffes de laine rouge, dont la tête plonge jusqu'aux yeux dans une large muselière en sparterie. Par-dessus les collines de Cuges on aperçoit les crêtes pelées de la Sainte-Baume.

Quelques instants après avoir laissé à droite une éminence aride qui résume toute sa sève en un pin magnifique debout à son sommet, on arrive au point culminant de la muraille naturelle qui enveloppe Cuges de toutes parts. L'horizon s'ouvre, une grande vallée creuse le paysage, la Méditerranée apparaît au loin dans les écartements des montagnes.

Deux lieues plus loin, on ne voit plus la mer; on a dépassé deux anciens villages fortifiés qui sont assis vis-à-vis l'un de l'autre chacun sur sa colline et qui se regardent comme deux nids d'aigles; on a traversé le Bausset, bourg où j'ai remarqué quelques portes à maîtres-claveaux sculptés du temps de Henri IV; le chemin s'enfonce tout à coup dans des terrains étranges.

A gauche, les roches calcaires usées, morcelées et aiguisées par les orages, se dressent comme les aiguilles d'une cathédrale; à droite, les grès prennent

LES GORGES D'OLLIOULES.

des formes et des attitudes singulières. Ce sont des titans à demi enfouis dans la terre, dont on distingue les épaules, les omoplates, les hanches et la colonne vertébrale ; ce sont des crânes énormes dont il semble que des vautours géants aient fouillé les yeux ; ce sont des tortues monstrueuses que le déplacement de la voiture fait ramper à travers les bruyères sous leur carapace de quatrevingts pieds de long.

Puis la route tourne, une forteresse gothique en ruine se dresse au sommet d'une montagne, d'immenses escarpements de roches nues et déchiquetées envahissent tout l'horizon, le chemin se resserre, un lit de torrent desséché vient le côtoyer, on est dans les gorges d'Ollioules. — Là, j'ai mis pied à terre.

Il ne manque qu'un événement aux gorges d'Ollioules pour avoir la célébrité des Fourches Caudines ou des Thermopyles.

C'est vraiment un lieu formidable. L'œil n'y voit plus rien qu'une roche jaune, abrupte, déchirée, verticale, à droite, à gauche, devant, derrière, barrant le passage, obstruant le retour, pavant la route et masquant le ciel. On est dans les entrailles d'une montagne, ouvertes comme d'un coup de hache et brûlées d'un soleil à plomb. A mesure qu'on avance, toute végétation disparaît. A peine çà et là on voit sortir entre deux blocs l'anis ou la sabine qui servait aux philtres des sorcières. Pourtant, derrière une grosse pierre j'ai cueilli une petite sarriette des montagnes qui sent très bon et dont la fleur est jolie. Des lierres maigres, des figuiers nains, des pistachiers sauvages, quelques pins d'Alep tordus par le mistral pendent misérablement aux crevasses des roches supérieures.

Des bouches de cavernes, la plupart inaccessibles, sont béantes à toutes les hauteurs et de tous les côtés. Plusieurs ressemblent à des galeries éventrées. On y distingue des entablements, des consoles, des impostes, toute une architecture surnaturelle et mystérieuse. Sur les crêtes mêmes de la montagne, çà et là, des roches se courbent en arches et font des ponts aériens pour des passants impossibles.

Pas un oiseau, pas un animal, pas un frôlement de feuilles. L'hiver, le torrent passe là tout seul avec son bruit effrayant.

Autrefois il n'y avait dans les gorges d'Ollioules qu'un sentier pour les mulets et les piétons. Maintenant, grâce à Napoléon, les voitures trouvent là, comme au Simplon, une belle route soutenue par une maçonnerie presque romaine. Mes compagnons de voyage s'extasiaient sur celui qui a fait cette route ; moi je songeais à celui qui a fait ces montagnes.

Quelle œuvre et quel édifice ! que d'ouvriers, qui ne sont pas aux ordres de l'homme, y travaillent encore sans relâche et tous les jours ! La pluie pourrit la roche, le torrent la ronge, le vent la pétrit, la cascade y creuse des cannelures, la racine de l'arbre y perce des soupiraux, le soleil dore le tout.

Vis-à-vis d'un coude que fait le chemin, à un endroit où la route passe sous une demi-voûte taillée au pic dans la pierre vive, on voit de l'autre côté du ravin, à une hauteur très abordable, l'entrée d'une caverne profonde. C'est un porche ogival, flanqué à droite et à gauche de quelques ouvertures obstruées de roches, et surmontée d'une sorte de grande voussure presque régulièrement taillée dans la paroi perpendiculaire du mont. Cette sombre casemate, où l'œil s'enfonce et entrevoit des piliers bruts perdus dans l'ombre, parcourt toute la montagne comme un intestin et a, dans les endroits les plus sauvages, plusieurs issues connues des chevriers.

Il y a quarante ans, Gaspard Bès en avait fait sa forteresse.

Ce Gaspard Bès était un de ces condottieri, propres au moyen âge et absurdes dans notre siècle, qui voulaient se faire un petit état dans le grand, être rois dans un coin du royaume, établir des péages à leur profit sur les routes, ayant des brigands pour soldats et des contrebandiers pour collecteurs. Il avait profité de la Révolution pour se faire bandit. Il luttait de vive force avec les douaniers et les gendarmes, étendait ses frontières jusqu'à Antibes et jusqu'à Barcelonnette et tenait quarante lieues de côtes. Il avait sa flotte de pirates et son armée de voleurs. Du reste, plein de bonnes fortunes comme Mandrin et de générosité soudaines comme Jean Sbogar. Cuges était sa capitale et la caverne d'Ollioules était son Louvre. Il régna depuis la mort de Louis XVI jusqu'à l'avénement de Bonaparte.

Le premier consul lui fit la guerre et le prit. Gaspard Bès fut exécuté à Cuges et beaucoup de femmes le pleurèrent, entre autres, dit-on, une princesse italienne qu'il avait dévalisée avec grâce, lui prenant ses bagues et lui baisant les mains.

Gaspard Bès n'est pas encore oublié à Cuges où il se mêle aux chansons populaires. Le temps estompe ces figures violentes et leur donne je ne sais quoi d'héroïque. Beaucoup de familles princières ont commencé par des Gaspard Bès. Il y a mille ans, un homme pareil dans une caverne était la graine d'où sortait dans un temps donné un château comme Habsburg ou Bourbon-l'Archambault.

Après la crypte de Gaspard Bès la route tourne encore. Ici la végétation est complètement effacée. On pénètre dans le cœur même de la déchirure. Une seconde gorge, plus petite que la première, mais plus horrible encore, se précipite perpendiculairement sur elle et ouvre au regard un abîme horizontal, plein de silence et pourtant plein de désordre et de fureur. Il y a des vacarmes pour l'œil comme pour l'oreille. De toutes parts, les épines dorsales des ravins sortent de dessous le lit du torrent et grimpent en se tordant vers le haut de la montagne. Si l'on avance un peu dans cette gorge secondaire, il semble que ce ne soient plus des roches ; ce sont des écailles, des squammes, des ossements. On croirait voir un tas gigantesque de crocodiles morts, les uns gisant à plat ventre, la tête enfouie, les autres couchés sur le dos et tournant vers le ciel d'affreux tronçons de pattes et de mâchoires. Les Alpes n'ont rien de plus hideusement effrayant.

Autrefois, il n'y a encore que dix ans, quand la chaîne partie de Paris, après vingt-cinq jours de marche sous la pluie et le soleil, était sur le point d'arriver à Toulon, traînant sur huit charrettes, avec un exécrable bruit de ferrailles, ses trois cents galériens épuisés, livides, horribles, elle s'arrêtait là pour se reposer. C'était bien une halte de damnés dans le vestibule de l'enfer.

A peine a-t-on franchi cette rencontre des deux gorges que la scène change brusquement. Comme Dante, comme Shakespeare, comme tous les grands poëtes, le bon Dieu fait beaucoup d'antithèses et les fait admirables. En vingt pas, sans nuances, sans transition, comme si un mur se crevait tout à coup, de l'épouvantable on passe au charmant. Le défilé s'ouvre, la montagne s'évase, l'éclatante rade de Toulon surgit au milieu d'un paysage magnifique, les gorges s'éclipsent, un éblouissement les remplace. Ici tout est soleil fécondant, verdure dorée, eau splendide, maisons, jardins, voiles gonflées, chant, murmure, vie et joie.

A peine ai-je songé à remarquer un vieux château écroulé du douzième siècle, qui dresse ses trois tours à l'entrée méridionale des gorges comme un cerbère de granit. J'avais à ma droite un champ plein d'orangers, de jujubiers, de grenadiers entr'ouvant leurs grenades mûres, des lilas en fleur mêlés à des citronniers, des vignes courant dans les arbres; à ma gauche, une maison blanche ombragée de deux palmiers. Les câpriers sortaient joyeusement du pied des murs; une source abondante et gonflée se répandait hors du rocher au grand soleil comme un dégorgement de pierreries liquides.

La plaine entière se composait de cette façon : au fond, les montagnes nues et grises, qui s'entassent derrière Toulon comme des monceaux de cendre, prenaient je ne sais quel charme sévère et doux en se mêlant à la ravissante beauté de la mer. La place de la ville était marquée au milieu des plaines vertes par une forêt de mâts.

Après les gorges d'Ollioules, le paysage de Toulon, c'est une revanche que prend la nature.

Dix ou douze forts entourent Toulon. Lors du siége de la ville en 1794, tous ces points furent investis l'un après l'autre sans succès, excepté un petit fort placé vis-à-vis du port et qu'on avait négligé comme insignifiant. Un jeune officier d'artillerie, encore inconnu dans l'armée, obtint du représentant du peuple la permission d'attaquer ce fort. Il le prit. C'était la clef de Toulon. Une fois le fort emporté, les anglais délogèrent et Toulon s'ouvrit.

Ce bastion s'appelle aujourd'hui le fort l'Empereur. On le voit, en débouchant des gorges d'Ollioules, étinceler dans la rade comme une étoile à l'extrémité d'un cap. C'est là que la providence a placé le commencement de Bonaparte. Les chevaux descendaient rapidement vers Toulon, et moi je regardais ce point lumineux d'où s'est envolé Napoléon et une nuée d'aigles avec lui.

A Toulon, après avoir vu, à l'hôtel de ville, les cariatides de Puget et la fontaine de la place au Foin, avec trois dauphins admirables, il faut aller à l'Arsenal.

On y entre par un arc de triomphe rococo du goût le plus épicé. Comme j'y arrivais, sous la corderie, trois voitures du roi attendaient le retour d'Alger de M. le duc d'Orléans.

Rien de plus curieux que le musée de l'Arsenal, collection de modèles de tous les navires. Il y a là de superbes bas-reliefs dorés de Puget. Il y a des galères faites par Louis XIV pour les chevaliers de Malte; trois canons à la proue, deux mâts, grandes voiles latines. Ces galères avaient deux cents rameurs, quatre par banc et par aviron. Les cales étaient couvertes. C'étaient des vaisseaux sous cloche, dit Méry. Cette poutre énorme, c'était une vergue; cette grosse colonne de bois couchée à terre à perte de vue, c'était le grand mât; trois cent soixante pieds de haut, trois pieds de diamètre à la base; point de câbles, des chaînes. Le tas de chaînes d'un vaisseau de cent canons avait quatre pieds de haut, vingt pieds de large, huit pieds de profondeur.

Dans les vaisseaux en construction, je remarque que nous prenons la forme anglaise, tandis que les anglais prennent la nôtre. Notre bord s'avance, le leur se retire. — Nous cherchons l'abordage, ils le fuient, me disait le marin qui me servait de guide.

Du reste le vaisseau moderne, noir et blanc, est laid au dehors. Où sont les vaisseaux pourpres avec le château d'arrière? Les progrès de l'artillerie ont gâté le vaisseau comme la forteresse. Elles sont stupides, ces plates sculptures de la poupe et de la proue.

J'ai vu la *Bellone*, qui a reçu cent soixante coups de canon dans sa coque à Saint-Jean d'Ulloa. Pas un n'a pénétré. Mauvais canons ou bonne frégate?

IV

— **Albums** —

LE BAGNE DE TOULON

Entrée du bagne. — Bac. — Forçats polis offrant des tabourets et des coussins. — Embarcations où rament des forçats. Rapides. — Soleil couchant. — Avenue de gros vaisseaux acculés au quai du bagne. — Bandes de forçats rentrant au ponton, fatigués, traînant leurs chaînes, montant l'étroit escalier, s'engouffrant sous le guichet bas du vaisseau. — Bagnes flottants. Ce sont deux frégates démontées, *la Thémis* et *la Néréide*. Deux amours grossièrement sculptés et peints en jaune jouent sur l'arrière de *la Néréide*. — Visite des forçats au passage du port dans le bagne.

Aspect de leurs dortoirs au moment où ils viennent d'y rentrer. — On passe une tringle de fer assujettie par un cadenas dans l'anneau extrême de toutes les chaînes. — Lits de camp. Une caisse, un matelas, une couverture pour les bons. Le lit du trappiste est une faveur pour le forçat. — Au-dessus de la porte, peinture d'un forçat, figurant l'arrivée au bagne, le gendarme, le criminel sombre, l'innocent qui se jette à genoux, etc. — Autre peinture dans une autre salle, représentant le crime. Un désert, la victime à terre, le meurtrier la regarde effaré; au fond du paysage, deux anges le voient (Prudhon).

Salle des éprouvés. — N'ont pas de chaîne. Vont quelquefois en ville. Ont un peu de viande et de vin.

Visite au bagne flottant *la Thémis*. — Escalier ferré de gros clous comme les souliers des forçats. — Aspect du ponton. Entrepont d'un navire démeublé, les écoutilles triplement grillées. — Sept nouveaux venus, dont trois arabes. Figures graves et regards perçants. On leur a coupé la barbe la veille. Ils sont patients et résignés. L'un d'eux, d'assez haute taille, maigre, est un marabout. Il tient son chapelet à la main.

Dans un coin, au fond, sous une lucarne, trois tas de forme étrange couverts d'un haillon de laine. De chacun de ces tas sort une chaîne qui rampe sur le sol et va se cramponner six pieds plus loin à une barre de fer transversale scellée dans le plancher. — Ce sont trois hommes, trois forçats, deux incurables et un fou. — Un fou au bagne! — Les trois tas restent immobiles. On n'en voit rien, ni têtes, ni bras, ni pieds.

En sortant, un forçat montre un chien monstrueux enchaîné dans une niche, sculpture grossière en bois peint faite par un forçat.

Au bout d'un dortoir, salle de la double chaîne. Guichet grillé. Odeur infecte qui en sort. Salle oblongue. Au milieu, une arête formée de deux rangs de lits de camp opposés par la tête. — Au pied de chaque lit un homme est enchaîné. La chaîne, d'un poids double des autres chaînes, lui permet une promenade dont le rayon a six pieds. — Je passe au milieu d'eux. Respectueux, mais menaçants. — Sombres. — Je leur fais donner quelque argent. Pas de remerciements. — Ce sont les incorrigibles. Quelques-uns sont là pour trois ans. « Bagne dans le bagne », comme dit Méry.

... Satan, ce forçat du ciel.

A la porte de la double chaîne, en sortant, un fort çat douceâtre me dit : *C'est de la canaille.*

Forge. Les forçats forgent eux-mêmes leurs chaînes.

Chapelle nue et triste. On est en train de la réparer. Le confessionnal à droite, près de la porte. — *Est-il visité? — Quelquefois.*

Hôpital. Pareil à tous les hôpitaux. Longue salle bordée de lits en fer. Seulement on entend des bruits de chaîne dans les lits des malades. — Très propre.

Il n'y a pas eu d'évasion depuis huit mois.

Homme, dix ans au bagne pour *six liards faux échangés sachant qu'ils étaient faux.*

Homme au bagne pour crime de traite. Ce faiseur d'esclaves n'a abouti qu'à se faire forçat.

Le forçat se lève à cinq heures du matin, au jour en été. — Travaille aux choses les plus dures. Sous le bâton. — Jamais de récréation. Ne s'interrompt que pour manger, vers midi. — Retourne tout de suite au travail jusqu'à la nuit; rentre épuisé de fatigue; mange; se couche sur une planche, dort et recommence. — Quelquefois jusqu'à la mort. — Jamais de dimanche. — Ne mange que du pain noir et de la soupe aux fèves, ne boit que de l'eau. — Ni vin, ni viande. — Vit vieux, se porte bien. — En ce moment 37 malades sur 2,250.

Il y a maintenant des bonnets *verts* à Toulon; les bonnets à ganse jaune, long terme; manche jaune à la casaque, récidive. — Lettre sur la casaque indiquant le lieu des travaux : *A*, arsenal, *P*, port, *C*, corderie, etc.

Pénalités formidables. — Rébellion ou la tentative, meurtre ou blessure sur un camarade ou tout autre, coups à un supérieur (depuis l'argousin jusqu'à l'amiral, depuis le mendiant jusqu'au pair de France) : *La mort.* — Évasion ou la tentative; coups à un camarade; injures à un supérieur; vol au-dessus de cinq francs : *Trois ans de double chaîne.* — Jurer, fumer, chanter, refus d'obéir, refus de travail, ne pas se découvrir devant un supérieur (c'est-à-dire devant quiconque passe), etc. : *Cachot ou bastonnade.*

Violente compression extérieure qui refoule tout l'homme à l'intérieur. Est-ce un bien? est-ce un mal? Oui, pour les uns, non, pour les autres. Pour les uns, cela crée une habitude de discipline qui finira par s'incruster dans la nature même la plus révoltée. Dans d'autres, cela doit encore creuser des gouffres de rage et d'hypocrisie.

Aucune peine n'est prononcée sans enquête ni contrôle. Toutes les peines prononcées et subies inscrites dans le registre à côté du nom, avec le motif et les circonstances. Beaucoup d'ordre dans cet arbitraire. Les forçats ont une boîte aux lettres à part pour le bagne et peuvent y jeter secrètement leurs plaintes contre qui ils veulent. Elles parviennent toujours, et *secrètement*, au commissaire du bagne, qui s'informe et décide. Sévérité, mais justice.

Visite aux cachots. — Quelque hésitation. J'insiste. On ouvre. Salle oblongue. Deux rangées de compartiments, quatre de chaque côté. — Chaque compartiment a six pieds de long, sept de haut, quatre de profondeur, une porte armée de fer, un petit guichet de huit pouces carrés. A l'intérieur, un lit de camp, une cruche et un baquet. C'est le cachot. On y peut rester sept ou huit jours. Pas de clarté. Peu d'air.

Pendant que je visite deux cachots occupés, en me retournant j'aperçois une tête rasée et hideuse au guichet du fond au-dessus de ma tête. — C'est le forçat au cachot. Air impassible. Cette tête ressemble à celle du condamné au trou de la guillotine. Horrible.

Cachot des condamnés à mort. Salle voûtée d'environ dix pieds carrés. Malsaine. Elle est sur le chemin de ronde et l'eau y suinte.

Cachot des condamnés à Brest, plus terrible. — Un lit de camp. Lucarne grillée par où regarde une sentinelle.

Il n'y a pas eu d'exécution depuis deux ans. Dans ce cachot on met une vieille échelle, de vieilles caisses, etc., comme dans un grenier.

Sur une cellule, dans une salle contiguë, on lit : *Disparus*. C'est là qu'on met les effets non réclamés des forçats morts ou évadés sans qu'on sache comment.

En somme, bagne propre, lavé et bien tenu. Le comparer à celui de Brest. Faire la part des deux climats. Traiter la grande question : isolement cellulaire ou travail en plein air?

L'esprit nouveau a déjà pénétré dans le bagne et l'améliore. — Introduire la division *passion* ou *intérêt*. Oter l'infamie aux passionnés. Ne la prononcer qu'en récidive ou pour certains crimes définis.

Le travail moralise. La fatigue du corps ôte à l'esprit le loisir de mal penser. Le bagne, retouché, peut être bon. Meilleur que les maisons pénitentiaires. — A Brest ils font sortir et travailler leurs forçats. Je les ai vus.

V

— Albums —

ROUTE DE DRAGUIGNAN

3 octobre.

J'ai quitté Marseille de grand matin dans la diligence de la veuve Avon. J'étais dans le coupé. J'avais à ma gauche un jeune homme convalescent du typhus, à ma droite un officier sarde. Chacun d'eux, voulant dormir, avait baissé le store placé devant lui. Par la lucarne qui me faisait face, je ne voyais qu'un très beau morceau du cocher assis et me tournant le dos en manière de vis-à-vis. J'ai pris le parti de baisser aussi mon store et de dormir.

A deux lieues d'Aix, mes voisins ont levé leurs stores et je me suis réveillé.

Comme beaucoup de villes de Provence, Aix est bâtie en pierres grises qui se confondent avec les tons poudreux des paysages méridionaux. De loin, Aix se mêle aux collines et l'on a quelque peine à la distinguer.

J'ai remarqué peu d'oliviers aux environs de la ville de l'huile. En revanche j'ai recueilli sur le mur d'une auberge cette inscription en sanscrit, dont les lettres rentraient presque les unes dans les autres : ALALTEMILITERE. Après une longue étude, j'ai fini par découvrir que c'était une agacerie aux soldats altérés.

Aix a deux clochers ; l'un n'est qu'une tour carrée ; l'autre est une flèche du quinzième siècle d'un assez bon style.

A Aix, j'ai changé de voiture et je me suis dirigé vers Draguignan. Après deux heures de marche j'ai arrêté le cocher et je suis descendu. J'étais dans le champ de bataille où, il y a vingt siècles, Marius extermina la formidable cohue des teutons et des cimbres. Ils étaient trois cent mille.

C'est une immense plaine sereine et tranquille, cultivée avec soin, plantée de vignes, d'oliviers et de mûriers, coupée çà et là de cours d'eau qui se dessèchent en été, et des deux côtés de laquelle se traînent, au nord et au midi, les dernières vertèbres des Alpes. Cela fait deux longues rangées parallèles de collines d'un bel aspect, assez hautes pour accrocher les nuées.

Le temps était couvert. Des brumes pleines de pluie se posaient mollement dans la gorge des collines. Cependant un vif rayon de soleil faisait étinceler, à l'autre bout de la plaine, un gros village groupé sur une éminence.

Je m'étais arrêté près d'une ferme chétive, au bord d'un ruisseau sans eau. Un paysan en blouse bleue poussait dans le champ voisin sa charrue attelée d'un âne. Une fille juchée sur un mulet cheminait du côté d'Aix, son tricot à la main. Du côté opposé, une vieille charrette chargée de ferrailles et menée par un enfant traversait un pont en cahotant. Les dindons et les poules picotaient la terre autour de moi. A quelques pas de la ferme, une femme tendait sa cruche à une fontaine de pierre surmontée d'un buste en perruque dont le visage mutilé mêlait les traces de 93 au souvenir de Marius.

Moi, je fouillais dans mon esprit, y cherchant mes anciens textes et les confrontant aux lieux, et tâchant de retrouver, tantôt dans ma mémoire, tantôt à l'horizon, les postes de bataille des légions.

Mais un orage approchait. Une grosse nuée prenait lentement position sur le plus haut des cimes qui dominent la plaine au midi. Il m'a fallu remonter en voiture. Le vent était si violent qu'un pauvre vieux homme qui marchait dans le champ sa fourche sur le dos avait peine à avancer.

J'ai observé le reste de la plaine à travers la pluie. Le gisement calcaire qui en fait le fond y perce la croûte labourable de temps en temps, et couvre de sa couche supérieure comme d'une table des éboulements de sable et des terrains d'alluvion hérissés de bruyères.

Vers l'est, j'y ai remarqué des monticules d'un aspect singulier. Ce sont des verrues et des loupes d'une terre molle et rose qu'on dirait par endroits gonflée et tuméfiée avec des étranglements ; le vent, la pluie et le tourbillon l'ont à la longue modelée en lobes et en lobules, y ont creusé des stries et figuré des cœcums. Des marbrures de sable y font des veines jaunes, et l'ocre y dessine des fibrilles rougeâtres. On dirait des foies et des poumons gigantesques épars çà et là sur le sol.

L'orage ne s'était pas étendu jusqu'à Brignolles. On y faisait les vendanges. Une foule bruyante, où il y avait autant de gaîté que de travail, fourmillait dans la place autour des gros arbres et de la charmante fontaine que l'architecte avait laissée nue et triste, et que la nature a couverte de feuilles et de fleurs comme eussent fait Benvenuto ou Jean Goujon. Jusqu'au Luc, la campagne était en fête. De gros tas de raisins noirs et blancs s'amoncelaient au bord de la route. J'entendais des chants dans les treilles.

Au Luc, il faisait nuit noire. Une diligence qui passait sans lanterne s'est heurtée violemment à un pressoir qui barrait la rue et a failli verser. Le postillon avait une fureur provençale qu'il expectorait en jurons prodigieux : — Canaille de bon Dieu ! capon de bon Dieu ! brigand de bon Dieu ! — Je n'avais jamais vu assaisonner le bon Dieu de cette façon.

VI

— Albums —

LE GOLFE JUAN

J'avais mis la tête à la portière et, aussi loin que mes yeux pouvaient s'étendre, de l'est à l'ouest, du cap d'Antibes au cap Roux, je regardais cette admirable mer qui a vu toute l'histoire depuis les flottes de Salomon jusqu'aux armements d'Annibal, depuis la galère de Pompée jusqu'au brick de Napoléon.

Il semble que l'Océan soit trop vaste pour l'homme; l'Océan est plein de mystère comme il est couvert de brume. La mémoire humaine ne le tracasse pas. Il avait le secret d'un monde et il ne le disait point; il a fallu que Christophe Colomb allât le lui arracher. La Méditerranée, au contraire, est propre à la civilisation; c'est la mer illustre et rayonnante, éclairée à la fois, et dans tous ses recoins, par l'histoire et par le soleil. Toutes ses rives ont fait quelque chose et savent ce qu'elles ont fait.

Nous suivions une route posée à mi-côte sur une pente d'ocre rouge, parmi des pins et des bruyères, et traversée de distance en distance par de petits torrents. Au-dessous de nous, les vagues écumaient magnifiquement sur des roches scupturales et sévères.

Il n'y avait pas une voile en mer. Une grande mouette pêchait à quelque distance de la côte. Je considérais vaguement, à quelques toises plus bas que la route, une vieille enceinte de pierre qui est une batterie basse. Deux forts canons de fonte étaient là, couchés sur l'herbe, la bouche vers la mer. Un rosier du Bengale chargé de roses obstruait la gueule du four à rougir les boulets.

Quelques instants après, la route a tourné, la perspective a changé tout à coup. J'avais sous les yeux le golfe Juan.

Le golfe Juan est une petite baie mélancolique et charmante, abritée à l'est par le cap d'Antibes dont le phare et la vieille église font une assez belle masse à l'horizon, à l'ouest par le cap de la Croisette chargé à sa pointe d'une vieille forteresse écroulée qui se mêle aux rochers. Un demi-cercle de hautes croupes vertes entoure le golfe et le ferme aux vents de terre.

Je me suis arrêté, et j'ai contemplé cette mer qui vient mourir doucement au fond de la baie sur un lit de sable au pied des oliviers et des mûriers et qui a apporté là Napoléon. Quelques vieilles masures qui ont vu le grand spectacle y sont encore et semblent regarder au loin sur mer si elles ne verront rien venir.

Le ciel était sombre, il pleuvait vers Nice. Une felouque, voiles repliées, était amarrée au rivage à l'endroit même où aborda la chaloupe de l'empereur. Du reste, je ne voyais pas un être humain; tout semblait désert.

L'empereur débarqua près de la maison de la douane, haute bâtisse carrée et blanche qui ressemble à une tour récrépie. Il déboucha, à deux cents pas de là, sur la route de Cannes, par un petit chemin mal pavé et couvert d'arbres. Là, il s'assit sous un des oliviers centenaires qui ombragent la route.

Je me suis promené longtemps dans ce lieu illustre. Vis-à-vis du petit chemin, au bord de la route de Cannes, sur un étroit plateau autour duquel la terre a croulé, il y a deux mûriers. C'est entre ces deux mûriers que l'empereur se plaça pour passer en revue le bataillon qui sera dans l'histoire aussi grand que la grande armée, puis il se dirigea vers l'ouest, passa près de cette vieille batterie basse que je viens de voir, traversa les torrents que je viens de traverser, et une heure après son débarquement il entrait dans Cannes.

Ceci se passait le 24 février 1815. Toute cette scène semble vivre encore là.

A quelque distance des deux mûriers, on a bâti un cabaret où les soldats viennent boire et sur le mur duquel j'ai déchiffré cette enseigne presque effacée par la pluie : *Au débarquement de l'empereur.*

Arrivé à Cannes, Napoléon laissa à sa gauche le château démantelé de Montgrand, dont la tour carrée, quoique crevassée par la foudre, est encore debout sur la colline qui domine le port. Lui qu'attendait cette prison appelée l'île Sainte-Hélène, il laissa derrière lui cette prison appelée l'île Sainte-Marguerite. Peut-être se retourna-t-il un moment pour donner en passant une pensée au Masque de fer; mais, trop occupé des mystères de l'avenir pour songer longtemps à ceux du passé, il continua sa marche, entra droit par les montagnes dans la terre de France et se plongea hardiment dans l'inconnu.

L'inconnu, pour Napoléon, à cette époque, c'était trois mois d'empire, six ans de captivité, et une tombe gardée par un soldat anglais.

Pendant deux heures j'ai marché sur le sable où cet homme a marché il y a vingt-quatre ans, je me suis mouillé les pieds dans le flot où est tombée sa rêverie pleine d'anxiété. La mer jetait sous mes pas des roseaux et des algues. Derrière une petite dune j'ai ramassé une bille d'enfant. Puis j'ai quitté cette solitude comme le jour baissait et j'ai continué ma route vers Antibes.

En sortant des collines qui bordent le golfe Juan, j'ai enfin rencontré une figure humaine. C'était une vieille femme qui faisait sécher du linge sur un aloès.

4 octobre.

Le conseil municipal de Draguignan mériterait d'être le conseil municipal de Paris. En matière d'art et d'histoire il est inepte. Il profite de son éloignement et de son obscurité pour démolir les vieilles murailles de la ville, la seule chose illustre et monumentale qu'ait Draguignan. Malgré la nuit très sombre et la pluie très épaisse, j'ai distingué une fort belle porte forteresse en entrant par la route d'Aix. Avant peu elle aura disparu.

La tempête a continué toute la nuit. La route courait à travers une forêt que je crois être une des ramifications de la forêt de l'Esterel. De temps en temps, tout en dormant à demi, j'ouvrais les yeux, et, à travers des bouffées d'eau et de vent, j'apercevais au loin dans les branchages des lueurs vagues. Puis je me rendormais et les lueurs se mêlaient à mes rêves.

Une fois, — j'étais éveillé, — la voiture, enveloppée jusque-là d'arbres très noirs, a débouché brusquement dans une clairière. Un vif reflet rougeâtre, qui rampait sur les bruyères, m'a fait tourner la tête.

Au centre de la clairière brûlait un petit édifice bâti en branches, en forme de hutte. L'intérieur de cette hutte était un brasier; sur le faîte comme sur un énorme bol de punch frissonnait une grande flamme bleue. Quatre hommes, coiffés de larges chapeaux, se tenaient immobiles devant le feu, battus par la pluie et empourprés par la braise. Ces fantômes étaient tout simplement des charbonniers.

Même pour ceux qui ont vu la Suisse et la Savoie, c'est une belle chose que la montagne de Fréjus, couverte par les sombres verdures de l'Esterel. Il était six heures du matin quand j'atteignais le sommet de la montée. Le soleil allait se lever, la pluie avait cessé. Je me suis assis sur une pierre détachée du parapet.

J'avais devant moi un précipice dans lequel s'engouffrait un nuage qui ne me permettait d'apercevoir que quelques pins voisins du bord. Au delà de ces pins, tout n'était qu'une vapeur mate et blanchâtre, comme si la terre venait de crouler subitement dans cet abîme et me laissait voir le dessous du monde enveloppé d'un ciel d'hiver.

Par moments cependant, un vent remuait cette nuée, et la montagne opposée, avec ses forêts et ses ravins, tremblait indistincte dans la brume.

Derrière moi, le spectacle était extraordinaire.

Un immense nuage noir, nettement coupé de toutes parts comme un toit, me cachait le ciel et l'horizon, et au-dessous de son bord inférieur les plaines, la mer et les montagnes, les forêts, les villages et les voiles, tout un pays magique, blanchi par l'aube, m'apparaissait comme une décoration de théâtre qu'on entrevoit par-dessous le rideau à demi soulevé. Peu à peu le nuage s'est fendu, un rayon de soleil, plongeant par la crevasse comme un bras d'or, a emporté les brumes, et j'ai pu admirer le fond du précipice composé de collines tumultueuses.

La plupart de ces collines avaient un aspect sinistre. Elles étaient couvertes de troncs de pins brûlés et noirs qui de loin se hérissaient comme les soies d'un sanglier. Il arrive quelquefois dans ce pays qu'un berger, pour faire brouter à l'aise quatre chèvres, brûle douze lieues de forêt.

Quelques granits rouillés, quelques fougères dorées par l'automne, rattachaient au précipice la pierre où j'étais assis.

Les Alpes meurent ici dignement. Les pins ont remplacé les sapins, les chênes verts ont remplacé les mélèzes, mais la belle ligne granitique, quoique amoindrie, s'est conservée. Ces collines sont encore des montagnes.

Au point où j'étais, j'apercevais les cimes de la chaîne secondaire qui va de Cannes à Digne et que Napoléon traversa à son retour de l'île d'Elbe.

Napoléon a passé les Alpes deux fois. La destinée semble avoir mis une sorte d'harmonie mystérieuse entre ces montagnes et cet homme. La première fois, il traversa les Alpes au Saint-Bernard, lui dans toute sa croissance, elles dans toute leur hauteur; la deuxième fois, il les traversa entre Cannes et Digne, elles expirantes, lui déclinant.

Au Saint-Bernard, il allait de France en Italie; à Cannes il revenait d'Italie en France. Au Saint-Bernard, il avait une jeune armée pieds nus, en haillons, joyeuse, presque indisciplinée, enflée des grandes choses qu'elle allait faire; à Cannes, il avait une poignée de vétérans, tristes, fidèles, accablés des choses immenses qu'ils avaient faites. Au Saint-Bernard, c'était Bonaparte se transfigurant en Napoléon. A Cannes, c'était Napoléon transformé en Bonaparte. Sa fortune s'était retournée.

VII

— Albums —

FRÉJUS

10 octobre.

Pour le voyageur qui arrive du côté de Cannes, Fréjus apparait de loin au milieu de sa plaine, qui était un port du temps de César; cependant il commençait déjà à s'engraver, je crois me souvenir que César dit quelque part : *Le port de Fréjus est encore bon.* Aujourd'hui quelques maisons, rehaussées de deux ou trois grosses tours de couleur sombre et dominées par un clocher pointu, voilà Fréjus. La mer est à une demi-lieue.

La plaine est ravissante, tant elle est verte et ombragée. Tous les arbres, là, font quelque chose pour l'homme; ils sont utiles en même temps que charmants. L'olivier donne son fruit, l'oranger sa fleur, le mûrier sa feuille, le chêne-liège son écorce, le pin sa sève.

Aux environs de Marseille, où on le maintient à l'état de jeune plant afin de pouvoir récolter les olives à la main, l'olivier est laid. C'est un petit arbre rond et rabougri qui semble toujours couvert de poussière et qui salit le paysage. Vers Antibes et sur toute la côte, l'olivier est un arbre magnifique. Là on l'abandonne à lui-même. Il pousse en haute futaie; il a un tronc énorme, un branchage bizarre et irrité, un feuillage fin et soyeux qui, à distance, vu en touffes, ressemble à une fourrure de chinchilla. Il se pose dramatiquement sur la hanche comme le châtaignier, porte ses rameaux et ses fruits à bras tendu, et offre, comme le cèdre et le chêne, ce mélange de grâce et de majesté propre à tous les arbres qui ont le tronc large et la feuille petite.

A trois quarts de lieues de Fréjus, d'énormes tronçons de ruines commencent à poindre çà et là parmi les oliviers. C'est l'aqueduc romain.

L'aqueduc neuf et complet était beau sans doute il y a deux mille ans, mais il n'était pas plus beau que cet écroulement gigantesque répandu sur toute la plaine, courant, tombant, se relevant, tantôt profilant trois ou quatre arches de suite à moitié enfouies dans les terres, tantôt jetant vers le ciel un arc isolé et rompu ou un contrefort monstrueux debout comme un peulven druidique, tantôt dressant avec majesté au bord de la route un grand plein-cintre appuyé sur deux motifs cubiques, et de ruine se transfigurant tout à coup en arc de triomphe. Le lierre et la ronce pendent à toutes ces magnificences de Rome et du temps.

Chose singulière et qui m'a fait rêver, c'est par l'ouverture d'un de ces mélancoliques arcs de triomphe qu'un paysan appuyé sur sa bêche m'a montré, sur le revers du cap qui borne le golfe de Fréjus à l'orient, Saint-Raphaël, le petit port où Bonaparte s'embarqua pour l'île d'Elbe en 1814, avec quelques soldats, vieillis comme leur général, déchus comme leur empereur.

Saint-Raphaël est un village riant, semé de maisons blanches, et entouré de pins d'Italie qui illuminent le paysage de leur vert lumineux. Vis-à-vis Saint-Raphaël la mer blanchit sur un îlot de rochers noirs qu'on appelle *le lion de mer*.

Ainsi, c'est à travers la ruine de Rome que je voyais la chute de Napoléon. Le hasard arrange quelquefois les grandes choses avec la prétention d'un artiste.

En approchant de Fréjus l'aqueduc se bifurque ; une branche continue son chemin du côté de la ville, l'autre s'enfonce dans la campagne vers le rivage.

Il y a vingt siècles, Fréjus était baignée, d'un côté par une rivière que lui apportait son aqueduc, et de l'autre par la mer. La mer s'en est allée, la rivière est tombée dans la plaine avec l'aqueduc ; et Fréjus maintenant est à sec sur la grève comme une barque échouée.

Avant d'entrer dans la ville, j'ai aperçu au milieu des terres une espèce de tourelle de pierre à couronnement conique. C'est l'ancien phare romain, qui marquait l'entrée du port et la pointe du môle. L'écume le battait autrefois; les oliviers l'ombragent aujourd'hui.

Je ne pouvais passer qu'une heure à Fréjus. Le chétif clocher aigu de la cathédrale de Massillon me mettait peu en goût de visiter l'église ; je suis allé voir à l'*hôtel de la Poste* la chambre où l'empereur a couché la veille de son embarquement à Saint-Raphaël, le 26 avril 1814.

C'est une chambre d'auberge à deux lits, meublée de fauteuils cabriolets du temps du Louis XV.

On avait ôté un des lits. Celui où l'empereur a dormi est le plus éloigné de la porte et fait face à une fenêtre. C'est une couchette en bois de merisier, à colonnes, comme on en faisait sous l'empire. Il y avait au lit, ainsi qu'à la chambre, une tenture de damas, que les anglais qui passent à Fréjus, me dit l'hôte, ont déchiquetée pieusement et emportée miette à miette. Aujourd'hui, la chambre a un papier, et le lit des rideaux blancs. Au fond de la cheminée sur laquelle s'est accoudé longtemps Napoléon, il y a une plaque en fonte représentant une bergère à côté d'un pot de fleurs.

L'empereur s'assit pour écrire et pour dîner dans un grand fauteuil à bras revêtu de pékin satiné à raies rouges et à fleurs. On lui présenta une petite table en bois teint que j'ai vue encore dans un coin de la chambre, mais il la trouva trop étroite et se mit à écrire sur une console contournée en marbre bleu turquin qui est à côté du lit. Une glace à bordure Louis XV surmonte cette console ; deux branches de fer la supportent. Pendant qu'il écrivait, les généraux Bertrand et Drouot se tenaient debout et immobiles près de la porte.

Napoléon écrivait rapidement, il paraissait complètement absorbé et ne jeta pas un seul instant les yeux autour de lui. Une fois seulement, à ce que me racontait l'hôte qui était présent, il se leva, alla jusqu'à la fenêtre, puis revint s'asseoir et se remit à écrire. Ce dégorgement de pensées amères dura deux heures. En deux heures il fit deux lettres qu'il plia et cacheta lui-même.

Qu'écrivait-il et à qui écrivait-il? Personne ne le sait maintenant. Tout cela s'en est allé. Ces deux lettres, où il y avait peut-être tout l'empereur et tout l'empire, ne sont plus que de l'ombre. Qui les a ouvertes, qui les a lues? Où sont-elles? Les a-t-on recueillies? Questions qui ne seront peut-être jamais résolues. Mais l'esprit est effrayé en songeant à tout ce qu'il devait y avoir de choses poignantes et profondes entre cette date : *Fréjus, 26 avril* 1814, et cette signature : *Napoléon.*

Comme je le disais tout à l'heure, le hasard met de la recherche dans la composition des grands événements. On dirait qu'il veut contraindre l'homme à penser. N'est-il pas étrange qu'il ait apporté l'empereur découronné dans la cité démantelée, et que pour dernière étape en France il ait donné à Napoléon cette Fréjus, autrefois ville romaine et ville maritime, d'où Rome s'est retirée comme la mer?

Il sort de tous les lieux pleins de souvenirs une rêverie qui enivre et qui fait qu'on marche ensuite long temps au hasard. Après avoir quitté l'hôtel de la Poste, je me suis trouvé tout à coup hors de la ville, sans trop savoir par quel chemin j'étais venu. Deux ou trois archivoltes romaines qui s'enfonçaient à ma droite derrière une masure m'ont réveillé.

Je me suis avancé sous une voûte, et, au bout de quelques pas, j'entrais dans une vaste enceinte circulaire qu'entoure de toutes parts un entassement magnifique de gradins défoncés, d'arcades rompues, de vomitoires comblés. — Ce sont les arènes de Fréjus.

Entre les blocs réticulaires croissent pêle-mêle des figuiers sauvages et des térébinthes, rattachés par des guirlandes de ronces. Les caves des bêtes fauves, fermées avec des claies de roseaux, abritent de vieilles futailles. *J'étais sur la place même où se tordaient,* il y a deux mille ans, les lions, les gladiateurs et les tigres. Il y pousse maintenant une herbe haute que broutaient paisiblement autour de moi une troupe de chevaux maigres, errant dans le cirque, la clochette au cou.

Que de sang, et que de sang humain, il y a dans les racines de cette herbe!

Un quart d'heure après, j'étais loin de Fréjus, les chétives maisons et les grandes ruines avaient disparu derrière les oliviers, je ne voyais plus rien de la ville morte ; mais un bruit vague et doux m'arrivait encore, c'est le bourdonnement de clochettes qui sort aujourd'hui de ce cirque qu'emplissaient autrefois les acclamations de la foule et le rugissement des panthères.

VIII

LE RHONE — SAINT-ANDÉOL

Sur le Rhône, 12 octobre, 2 heures après-midi.

Je suis dans le bateau à vapeur *l'Aigle* en train de remonter le Rhône jusqu'à Lyon. Toutes les diligences et les malles-postes sont encombrées. Chacun se hâte comme moi de regagner Paris.

Le temps est devenu tout à coup mauvais, un orage s'est jeté sur ce beau pays, où il n'avait pas plu depuis huit mois. Dimanche dernier, Marseille était sous une trombe; la Canebière était un lac; à Avignon, le Rhône est entré dans les rues. Il y avait hier encore trois pieds d'eau de trop pour que les bateaux à vapeur puissent passer sous le pont; ce matin le Rhône a un peu baissé et ils ont pu venir amarrer sous le quai. Celui où je suis va partir dans une heure, et le fleuve est si rapide que le capitaine ne compte guère pouvoir dépasser aujourd'hui le pont Saint-Esprit. Il faudra passer la nuit dans le bâteau sur un banc. Jouissance médiocre. — Mais, si j'avais attendu une place dans les diligences, je courais risque de rester huit jours à Avignon. Il y a quinze jours, je descendais le Rhône comme une flèche, je vais le remonter comme une tortue. L'envers des choses rapides est toujours lent.

J'emploie comme toujours les heures d'attente à t'écrire. J'ai dérangé un tas d'oranges et de grenades qui était sur la table de la cabine; j'ai mis dans l'encrier fort sec du capitaine un peu de l'eau du Rhône, et me voilà. Mon Adèle, reçois cette lettre comme je te l'écris, de bon cœur.

J'ai bien songé à toi tous ces jours-ci; tu étais dans tous les tracas de ton retour à Paris; j'espère que tu es tout à fait installée maintenant et que tu ne te seras pas trop fatiguée. J'espère aussi que nos chers enfants ne t'auront donné que de la joie; tu me conteras tout cela à mon arrivée, n'est-ce pas?

13. — Nous allons toucher Saint-Andéol. Je cours mettre cette lettre à la poste, et je t'embrasse mille fois, et vous tous, chers enfants.

Saint-Andéol, 13 octobre, 8 heures du soir.

Chère amie, tu recevras cette lettre probablement en même temps que la précédente. Le bateau à vapeur est arrêté à Saint-Andéol par le Rhône qui est débordé. Le capitaine ne sait pas s'il pourra repartir avant quatre heures du matin. Le *Vésuve*, autre bateau à vapeur, qui est parti d'Avignon avant-hier, est amarré au quai. Le capitaine ne sait plus s'il arrivera à Lyon avant le 18 ou le 19. Ne t'inquiète donc pas si mon arrivée était retardée. Je ferai tout ce qui dépendra de moi pour arriver bien vite. J'ai tant besoin de vous revoir tous.

Du reste, si je n'étais si contrarié, j'aurais un admirable spectacle sous les yeux. Le Rhône est comme une mer. Les plaines sont couvertes, parfois à perte de vue. De temps en temps on voit passer des bateaux chavirés emportés au hasard par le courant.

L'eau a miné une culée du pont suspendu de Roquemaure, le pont est tombé, et ce matin nous avons vu en passant la moitié du tablier qui traînait dans le Rhône. Deux bateaux de charbon ont échoué sur cet écroulement il y a trois jours.

Je n'ai vu Saint-Andéol qu'en passant, en courant. C'est une ville, ou plutôt un tronçon de ville romaine et byzantine dans les crevasses de laquelle a poussé un pauvre bourg de pêcheurs et de bateliers.

Le clocher de l'église, à part la pyramide dont le parement a été arraché, est une des plus belles tours romanes octogones à dentelures byzantines que j'aie vues, sans même excepter Tournus et Saint-Germain-des-Prés. Un joli clocheton gothique fleuri surmonte le méchant portail Louis XV. L'intérieur de l'église est misérablement défiguré.

Dans un coin sombre, à gauche de la grande porte, dans un endroit où le grand jour ne pénètre jamais, j'ai vu un beau tombeau romain avec épitaphe et bas-reliefs. A cause de l'emplacement, l'épitaphe est illisible, les bas-reliefs sont invisibles. Je n'avais qu'un instant, et le temps me manquait pour faire apporter une lumière. Le tombeau est bêtement scellé le long du mur, de façon à cacher deux faces sur quatre. Il est là oublié comme un vieux coffre vermoulu.

J'ai remarqué encore à Saint-Andéol une charmante lanterne d'escalier du quinzième siècle, une tour romane carrée, tronquée par le sommet, et un vieux mur romain réticulaire mêlé à une maison habitée.

A bientôt, chère amie. Plains-moi pour ce retard et aime-moi. Je vais lutter contre le mauvais temps et le mauvais sort de toutes mes forces. Du reste, soit parfaitement tranquille. Le Rhône n'est redoutable que pour les bateaux plats. Les bateaux à vapeur ne courent aucun danger. C'est même une des causes de la lenteur de leur marche. Ils sont lourds et grands, la vague les respecte, mais ils ne font guère qu'une lieue à l'heure. En descendant ils en font sept.

Ma Didine, je t'embrasse, ainsi que Charlot, Toto et Dédé, tous mes bien-aimés. Bientôt je serai près de vous et je serai heureux. Entends-tu, mon Adèle? Aime-moi.

Ton VICTOR.

— Albums —

15 octobre.

Hier, nous remontions le Rhône débordé. Nous arrivions entre le Pouzin et la Voulte. Nous avancions lentement; le courant était si violent que, par moments, le bateau, malgré l'effort des roues, demeurait immobile au milieu du fleuve.

C'était vers le soir. L'admirable antithèse de la lune et du soleil occupait les deux extrémités du ciel. Les hautes murailles calcaires de la rive droite s'estompaient dans une brume légère; de belles lueurs de pourpre se traînaient sur les prairies de la rive gauche et y rougissaient magnifiquement des arbres d'une forme gracieuse et superbe.

Le Rhône, sale et jaune jusque dans son écume, courait furieusement autour de nous, charriant avec un bruit lugubre des arbres déracinés, des meubles rompus, des bateaux chavirés. La dévastation de cinquante villages roulait pêle-mêle dans le fleuve. La veille, trois bateaux avaient disparu sous les vagues, avec les gens qui les montaient, à l'endroit même où nous étions, près de l'embouchure de l'Ouvèze.

Il n'y avait pas un nuage sur nos têtes. Le rivage du côté de la Drôme était charmant. Une grosse charrette chargée de foin passait sur la route qui borde le Rhône. Le fouet du charretier claquait dans le silence de la plaine prête à s'endormir. Une femme et un enfant jouaient assis sur le foin, et à chaque cahot de la charrette leurs deux visages m'apparaissaient dans un rayon du soleil couchant.

Châlon-sur-Saône, 18 octobre.

J'arrive, j'ai tes lettres. Merci, mon Adèle, merci pour celle que tu m'as écrite directement ici. Si tu avais pu me voir au moment où je la lisais, tu aurais eu le cœur bien tranquille et bien content.

D'après ce que tu m'écris de tous tes arrangements (*j'approuve tout ce que tu as fait*), je supporte avec moins d'impatience le retard qu'apporte à mon retour la plénitude des diligences. Je suis encore cloué ici pour un jour. Je n'ai pu avoir de place que dans une voiture qui part demain matin, et pour Dijon seulement. Ecris-moi maintenant à *Fontainebleau, poste restante*. Je pense que je pourrai être à Paris du 23 au 25.

Nous avons pourtant remonté le Rhône plus vite que le capitaine du bateau ne l'espérait d'abord. En somme, nous avons mis quatre jours pleins pour aller d'Avignon à Lyon. Un autre bateau à vapeur, l'*Hirondelle*, m'a mené en un jour de Lyon à Chalon. Je vais profiter de mon séjour forcé ici pour prendre un bain dont j'ai grand besoin et pour visiter la ville, bien entendu.

J'ai vu avec joie que vous vous étiez bien amusés en vacances. Remercie pour moi Vacquerie et son excellente famille. Je pense que tu lui as fait tenir ma lettre. — Ne t'occupe ni de l'académie ni du théâtre. Je verrai moi-même ce qu'il y aura à faire quand je serai à Paris. — Je pense que mes bons petits garçons se sont remis courageusement au travail et te donnent déjà toute satisfaction. Embrasse-les bien pour moi ainsi que ton bon père, puisqu'il est de retour.

J'ai fait route sur le bateau du Rhône avec un bon et spirituel vieillard qui lui ressemble. C'est M. Boury, ancien pasteur protestant. Il était déjà venu nous voir à Paris avec une lettre de Lamartine. Je l'avais oublié, il m'a reconnu. C'est un homme doux et charmant et que j'ai été heureux de trouver. Il m'a aussi bien parlé de toi.

Adieu, mon Adèle, à bientôt. Ecris-moi encore une bonne lettre. J'ai soif de vous revoir et de vous embrasser tous.

A toi toujours.

V.

Fais-moi réserver avec soin les lettres et les journaux.

IX

— Albums —

DIJON

19 octobre.

Dans tout le Chalonnais, le Beaunois, le Dijonnais, l'architecture romane fait merveille. Souvent, dans un petit village, on trouve une belle tour byzantine, digne d'une métropole. Après Chagny, au bord de la route, j'ai vu un portail romain avec cette inscription : *Bon vin, bon logis.* Hélas! cette même maison donnait jadis l'hospitalité aux amis! A Chagny même, il y a un remarquable clocher roman, tour carrée, large, basse, trapue et superbe.

Beaune est un charmant tas de maisons gothiques dans les arbres. Il y a un beffroi de ville du quinzième siècle et une belle nef du quatorzième, à porche revêtu d'ardoises, qui sert de remise à des diligences. L'église, à tour romane, est coiffée d'un ridicule toit, forme de casquette.

Dans la diligence, un vieux vigneron m'explique la vendange. — Le cep jeune donne beaucoup de fruits, mais médiocres; plus tard, moins, mais meilleurs ; vieux, une grappe ou deux, mais excellentes. On l'arrache alors, le vigneron n'y trouvant pas de profit. Donc le cep mûrit comme la grappe. Ne pas cueillir le raisin pendant la pluie, ni sous la rosée, il pourrit. Oter les grains verts qui font aigrir le vin promptement, les grains pourris qui lui donnent mauvais goût, les grains secs qui le boivent. Ainsi, sur une seule grappe, trois mauvais éléments, dont l'un attaque le vin dans la durée, l'autre dans la qualité, le troisième dans la quantité.

Après Nuits, à gauche de la route, longue rangée de collines basses et nues à leur sommet, surmontées de grands plateaux et coupées par des ravins étroits, verts et profonds. Au débouché de chaque ravin, un hameau. Des vignes partout.

Pour qui arrive de Chalon, la situation de Dijon rappelle un peu celle de Paris pour qui arrive à la barrière du Maine. C'est aussi dans une grande plaine entourée de collines, une longue route bordée d'ormes ; à gauche, à l'horizon, deux collines imitent en petit, l'une le mont Valérien, l'autre la butte Montmartre.

Dijon, 20 octobre.

Dijon est une délicieuse ville, mélancolique et douce. Je me suis promené sur les vieux remparts. L'automne leur va bien. L'automne est une saison charmante. Les arbres y sont dans toute leur beauté : on voit le feuillage comme en été et le branchage comme en hiver.

Saint-Bénigne est une cathédrale du troisième ordre, assez belle encore dans sa masse, mais trop souvent restaurée. Elle a deux tours pour facade et une aiguille ardoisée. L'ancien portail roman est indignement défiguré par l'ogive de M. Soufflot.

A l'intérieur, on voit, à droite et à gauche du portail principal, deux nobles tombeaux Louis XIII. Celui de Legoux, seigneur de la Bercherie, représente l'homme et la femme taillés en marbre, à genoux sur la tombe. Ce sont de belles statues pleines de rêverie, avec cette inscription : *Quos idem quondam thalamus, idem quoque tumulus excepit.*

L'intérieur de l'église est insignifiant aujourd'hui. Pas un tableau de valeur, pas un vitrail. Pas une chapelle conservée.

Vers 1820, l'évêque d'alors, M. de Boisville, a refusé les tombeaux des deux ducs de Bourgogne qui sont au musée, ne leur trouvant pas de place dans son église. Pauvre bonhomme qui expulsait de sa cathédrale, non seulement Philippe le Hardi et Jean sans Peur, deux grands princes qui sont morts, mais encore Jean de la Huerta et Claus Stuter, deux grands artistes qui vivent toujours.

A côté de Saint-Benigne, Saint-Philibert, avec une belle flèche de pierre du treizième siècle, est un magasin de fourrages ; j'ai regardé par le trou de la serrure, j'ai aperçu des tas de foin dans le chœur. Saint-Jean, autre magasin de fourrages. La tour du douzième siècle, au Vieux-Palais, est un mont-de-piété ; le rez-de-chaussée est occupé par Robin, menuisier. La porte-forteresse est une caserne de gendarmerie. Une des anciennes tours d'enceinte sert de salle pour les pansements publics. La nef de Saint-Étienne, patron de la Bourgogne, qui fut l'ancienne cathédrale, est une halle au blé. On utilise l'abside pour un magasin de décors du théâtre. Les vitraux pendent défoncés.

Notre-Dame, des treizième et quatorzième siècles, a une façade remarquable, une haute muraille faisant porche, portant à l'un de ses angles une horloge avec jacquemart : un paysan, une paysanne et leur enfant, en bois peint. Dans la croisée à droite, j'ai vu la *Vierge noire* qui reçut toutes les balles des suisses dans son tablier, lors du siège de la ville. Elle était vêtue d'une robe de satin vert avec une grosse chaîne d'or au cou, qu'on vient de lui donner pour un miracle qu'elle a fait le mois dernier. Sous le porche, vestiges d'un magnifique portail roman complètement arraché. Les deux extrémités du transept sont surmontées de tourelles romanes. Vue par l'abside, l'église est d'un bel aspect. J'ai remarqué dans le chœur, fort dévasté, d'admirables verrières du douzième siècle. Un prêtre en chaire ânonnait un sermon appris par cœur, cherchant, se reprenant, recommençant ses phrases.

Le palais des ducs de Bourgogne, travesti en hôtel de ville, a d'admirables restes. Vu par derrière, il offre quatre architectures comme la cour du château de Blois, moins remarquables pourtant : une tour flanquée de tourelles du douzième siècle ; la grande tour du quinzième, avec le corps de logis à croisées et à couronnement gothique fleuri qui s'y rattache ; un corps de logis Henri IV, avec une jolie porte ; un autre Louis XIV, avec des trophées sur l'encorbellement, comme aux Invalides. — Dans une jolie cour fort délabrée, avec escalier de la Renaissance, on lit : *École des beaux-arts.*

J'entre dans le musée. On y voit une cheminée faite en 1504, après l'incendie de 1502, « par Jean Dangus, maçon, moyennant 120 francs, pierres fournies ». Sur les 120 francs, deux sols par jour aux ouvriers.

Le tombeau de Philippe le Hardi est de la fin du quatorzième siècle. Le duc, peint et doré, est couché sur son tombeau de marbre noir, deux anges à la tête, un lion aux pieds. Quarante statuettes d'albâtre circulent autour du tombeau sous une charmante galerie ; elles sont très vivantes et très naïves : un moine se nettoie l'oreille avec l'ongle ; un autre moine se mouche avec ses doigts. — Fi donc ! semble dire un religieux à côté de lui. Ce tombeau est l'ouvrage de Claus Stuter de Hollande.

Le tombeau de Jean sans Peur et de sa femme Marguerite de Bavière ressemble au premier, mais plus fleuri, plus orné, plus quinzième siècle. Quarante figurines, quatre anges ailes déployées, les deux grandes statues, deux lions, vingt-huit angelets, la galerie qui est de l'orfèvrerie d'albâtre, toute cette œuvre multiple et touffue a été payée quatre mille livres, c'est-à-dire environ 28,506 francs à Jean de la Huerta, dit d'Aroca, du pays d'Aragon, *tailleur d'imaiges.*

François Ier se fit ouvrir ce tombeau et y trouva Jean sans Peur, le crâne largement entaillé par le coup de hache de Tanneguy-Duchâtel sur le pont de Montereau. Comme il s'étonnait de la grandeur du trou : « Sire, lui dit le prieur des Chartreux qui l'accompagnait, c'est par ce trou que les anglais sont entrés en France. »

Sur la robe du duc, *le rabot* qu'il avait pris pour emblème, le duc d'Orléans ayant pris un bâton noueux.

Il n'y a que trente-neuf figurines ; la quarantième est remplacée par un monsieur en redingote le plus plaisant du monde. Qui est ce monsieur ?

Des quatre ducs de Bourgogne, le premier est Philippe le Hardi, le dernier est Charles le Téméraire. — En effet, les hardis fondent les dynasties, les téméraires les précipitent. Charles X fut un autre Charles le Téméraire.

21 octobre.

Il y a un mois, le 21 septembre, j'étais à Lausanne. Il était cinq heures après midi. — Je montais lentement vers la cathédrale par les rues étroites de la ville. L'heure du dîner approchait pour les bourgeois qui se hâtaient de rentrer chez eux. Je voyais par les lucarnes des rez-de-chaussée flamber les âtres des cuisines, et les ménagères et les servantes s'empresser autour des chaudières et des tourne-broches. La fumée débordait par plus d'une fenêtre, et l'odeur des lèche-frites remplissait les rues. J'entendais à travers les portes les éclats de rire, bienveillantes expressions de l'appétit.

Un quart d'heure après, j'avais atteint la haute esplanade qui entoure l'église. Toute la ville était sous mes pieds. Les fumées se jouaient sur les toits, un rayon de soleil couchant les pénétrait, et elles faisaient un admirable nuage d'or qui se déchirait aux cheminées et aux pignons comme à des iles. C'était un noble et ravissant spectacle.

Mêlez une idée grande, lumineuse et sainte aux choses vulgaires de la vie, comme le soleil aux fumées de nos marmites, ces choses vulgaires deviendront des choses sublimes.

X

— Albums —

LA SEINE

21 octobre.

On traverse le Val-Suzon, charmant et sauvage, et qui rappelle le Jura. A Saint-Seine, joli bourg entre deux collines vertes, il y a une église du quinzième siècle avec abside carrée à rosace, chose rare.

Deux lieues plus loin, on traverse un autre village au bas d'une autre vallée. Ce village s'appelle Coursault. Une assez grande maison délabrée, posée en travers au fond du ravin, borde la route. Sous cette maison est percée une chétive arche de pierre qui livre passage à un petit ruisseau. Ce ruisseau, c'est la Seine. Elle prend sa source à un quart de lieue de là dans la colline. A Coursault, elle rencontre son premier pont, cette arche sous cette masure. Les enfants l'enjambent. Un buisson la cache. A peine distingue-t-on, entre deux pentes vertes, dans l'ombre de trois ou quatre peupliers, ce maigre filet d'eau qui aura deux lieues de large à Quillebœuf.

Six lieues après Coursault, à Aigay-le-Duc, on trouve le second pont. Le ruisseau est déjà une rivière, et l'on sent que cette rivière sera un fleuve. Le second pont a quatre arches. Le courant a douze pieds de profondeur. Jamais les moulins n'y manquent d'eau. Un petit fleuve, comme un petit chêne, a tout de suite quelque chose de robuste.

Parlons un peu de Jean.

Jean est le factotum de la diligence de Dijon à Châtillon-sur-Seine, qu'on prend rue du Château, à la *Clef de France*. Jean cumule; il est tout à la fois cocher, postillon et conducteur. C'est un robuste gaillard d'une trentaine d'années, chaussé de sabots et coiffé d'un chapeau galonné, paysan par les pieds, laquais par la tête, buvant à tous les bouchons, empilant volontiers, si le hasard de la route les lui donne, six ou sept voyageurs de contrebande sous la bâche de l'impériale, haïssant les gendarmes, abhorrant les gabelous, bon diable d'ailleurs. Il pousse son attelage, il parle, il jure, il improvise. Il ne manque pas de quelque imagination; il compare les arbres qu'il vous montre au bout de l'horizon à des gens qui se querellent ou à des conscrits en marche le sac sur le dos. Il désigne les chevaux qu'il mène par les noms des maîtres de poste. — Ah! ah! monsieur, les Bossu ne valent pas les Chaudron. Le père Chaudron à l'air un peu bêta, mais il achète de bons chevaux. M. Bossu n'y entend rien. Il vous a payé 500 francs un grand cheval rouge qui ne vaut pas douze écus. Ça a de la mine, mais ça se dresse dans le brancart; ça trotte, mais ça ne veut pas tirer. — Cela dit, Jean fouette ses chevaux. Jean donne, l'un dans l'autre, dix coups de fouet par minute, ce qui fait six cents coups de fouet par heure, à répartir entre trois chevaux. Les chevaux trottent trois heures d'un relai à l'autre et reçoivent ainsi chacun six cents coups de fouet. Ils servent deux fois dans la journée, ce qui leur fait une ration de douze cents coups de fouet par jour. Jean met quinze heures pour aller de Dijon à Châtillon; une heure pour le déjeuner, une heure pour les stations, Jean fouette treize heures durant et distribue royalement sept mille huit cents coups de fouet depuis Dijon jusqu'à Châtillon. Le lendemain, il recommence. Ajoutez les jurons, les imprécations, les hu ho, les dia hu, et voyez ce que peut devenir le cerveau de Jean. Ce n'est plus une créature humaine. C'est un manche de fouet vivant. Jean ne rencontre pas un charretier sans lui témoigner une cordialité bienveillante qui se manifeste par un violent coup de fouet magistralement appliqué sur un des chevaux de la charrette. Il fait ainsi cadeau d'un coup de fouet à chaque roulier qui passe. Le cheval piaffe, l'homme salue, le coup est toujours bien reçu; c'est une attention généralement appréciée. Quelquefois le roulier réplique à l'instant même par une cinglée en sous-verge à tour de bras au timonier de Jean; quelquefois il se contente de remercier par un sourire aimable.

XI

— Albums —

TROYES

Troyes, 22 octobre.

J'ai voulu voir le lieu où a été exécuté Claude Gueux. Un enfant m'a conduit au Vieux-Marché, qu'ils appellent maintenant la Halle au Blé.

C'est une grande place triangulaire ajustée à l'extrémité d'une longue rue comme le fer d'une pertuisane au bout de la hampe; cette forme triangulaire éveille l'idée hideuse du couperet, et j'ai déjà observé que le hasard l'a donnée à plusieurs de ces places fatales.

La place du Vieux-Marché est en pente, pavée de grès comme les rues de Paris, égayée de boutiques, entourée d'anciennes maisons à pignons pointus et à toits en abat-vent, obstruée à son milieu par une grande vieille baraque en bois d'un aspect horrible, à l'un des côtés de laquelle s'appuie un vieux puits banal orné de cannelures torses. C'est devant cette baraque qu'on a dressé l'échafaud de Claude Gueux, et qu'on le dresse encore pour d'autres, chaque fois que la loi commet ses meurtres à Troyes.

De là le condamné peut distinguer, sur la façade méridionale du Vieux-Marché, une figure de saint Nicolas sculptée dans les solives d'une maison du quinzième siècle. A l'époque où Claude Gueux fut exécuté, en se retournant il pouvait voir l'église même de Saint-Nicolas, dont l'abside gothique occupe un des bouts du côté occidental de la place. Cette église est masquée aujourd'hui par une grande vilaine halle au blé, toute blanche, dans le chétif goût officiel d'à présent, qu'on a bâtie il y a deux ans et qui donne au vieux marché son nouveau nom.

Le jour tombait, je suis entré dans l'église, elle était pleine de ténèbres. Une lampe éclairait deux ou trois arches énormes que l'ombre revenait dévorer à chaque balancement de la petite flamme perdue dans la grande nef. Au-dessus de ma tête, au fond de l'église, la lueur crépusculaire changeait les vitraux de l'abside en spectres blafards. Deux ou trois vieilles femmes, le visage enfoui sous leur cagoule, priaient dans un coin sombre. Je me suis accoudé près de l'autel, sur une balustrade qui porte le reliquaire doré de Sainte-Pompée, et j'ai fait comme elles.

Quand je suis sorti de l'église, il était nuit close. Le ciel était brumeux, la sphère de la lune apparaissait vaguement dans les nuages. Je suis retourné près de la vieille baraque à l'endroit lugubre où s'appuient les quatre pieds de l'échafaud. Là, j'ai songé longtemps à ce pauvre ouvrier intelligent et noble, mort il y a sept ans en ce même lieu, par la faute de la société qui ne sait ni élever l'enfant ni corriger l'homme. Une large forge béante, allumée dans un rez-de-chaussée à ma droite, illuminait confusément toute la place et jetait une clarté rougeâtre sur le pavé sinistre. J'ai fait quelques pas pour m'éloigner, et, en m'en allant, un mélange de lune et de reflets de forge m'a montré, au coin d'une rue qui débouche sur le Vieux-Marché, cet écriteau : *Rue des Trois-Têtes.*

Villeneuve-l'Archevêque, 23 octobre.

Je suis à Villeneuve-l'Archevêque, j'espère arriver à Sens cette nuit ; ce n'est pas sans peine, chère amie, car on se bat à la porte des diligences, l'encombrement est incroyable. Nous étions quinze tout à l'heure sur un affreux coucou, *sept sur l'impériale.*

Je compte que je serai à Paris le 27 ou le 28, vers deux heures après-midi. Je tâcherai bien que ce soit le 27, car je ne puis te dire à quel point je suis impatient d'arriver et de vous embrasser tous.

Je pense avec joie que je trouverai à Fontainebleau une bonne lettre de toi, et de toi aussi, ma Didine, n'est-ce pas?

Chère amie, aie bien soin, dans tous tes petits travaux intérieurs, qu'on ne dérange rien dans mon cabinet. En partant, j'ai mis dans mes armoires et dans mes tiroirs que j'ai fermés tous mes manuscrits qui sont des papiers volants, comme tu sais. J'ai serré dans un des placards le tiroir de la table où j'écris avec tout ce qu'il contenait. Aie bien soin qu'on n'ouvre rien et qu'on ne déplace rien, car un seul papier perdu serait irréparable.

C'est la dernière fois que je t'écris. Maintenant c'est moi-même qui t'apporterai de mes nouvelles, mon Adèle. Je vais donc vous revoir tous, mes bien-aimés. Soyez-en joyeux comme moi-même. A bientôt. Je vous embrasse tous tendrement, et toi la première, chère amie. A toi.

V.

XII

— Albums —

LA CATHÉDRALE DE SENS

24 octobre.

On pourrait dire que *tout est par paire* dans la cathédrale de Sens; toute chose belle ou curieuse y a son pendant. Il y a la tour de pierre et la tour de plomb; la chapelle romane et l'église gothique; à l'extrémité septentrionale du transept, la grande rose de Jean Cousin, qui représente le ciel; à l'extrémité méridionale, la grande rose de Robert Pinaigrier, qui figure l'enfer; dans le chœur, le tombeau du grand dauphin par Coustou; dans les bas-côtés, le tombeau du cardinal Duprat par Primatice; le chanoine Nicolas Richer, qui a légué à l'église un autel où est sculptée la Passion dans le style exquis de la Renaissance; l'archevêque Tristan de Salazar, qui lui a laissé son admirable tombe en gothique flamboyant; l'épitaphe du maréchal du Muy et le jubé du cardinal de Luynes; dans le trésor, il y a la tapisserie de Nancy où sont peintes les histoires d'Esther et de Bethsabée, et la tapisserie de Bruges où est figurée l'adoration des bergers; le chef de saint Romain abbé, et le chef de saint Victor soldat; un ivoire byzantin, bible naïve et charmante, près d'un ivoire de Girardon, admirable Christ vivant et douloureux; le fauteuil de bois de saint Loup et le contre-retable soie et or du cardinal de Bourbon; le doigt d'un pape Grégoire qui était du septième siècle et l'anneau d'un autre pape Grégoire qui était du quatorzième; le manteau du sacre de Charles X encore tout neuf et reluisant d'or, et la vieille chasuble trouée de Thomas Becket, cet autre exilé; la croix de vrai bois donnée par Charlemagne à l'évêque Magnus, et la chapelle en vermeil donnée par Napoléon au cardinal Maury; l'humble signature de *Vincent de Paul, indigne prêtre de la Mission*, et la violente devise du cardinal de La Fare: *Lux nostris hostibus ignis.*

Tous les contrastes se mêlent dans l'admirable église et s'y résolvent en harmonies; toutes sortes de cicatrices s'y confondent et s'y croisent; toutes sortes de pensées y sortent de chaque pierre; 93 a dévasté le sépulcre de Tristan de Salazar; une salve d'artillerie, tirée à l'entrée de je ne sais plus quel roi, a brisé la grande rose de la façade; la stupidité révolutionnaire d'une part, la stupidité monarchique de l'autre. A gauche de l'entrée du chœur, voici l'emplacement de l'autel où l'évêque Gaultier Cornu maria saint Louis le 27 mai 1234; dans le chœur, ces quatre figures si tendrement sculptées par Coustou, c'est le cénotaphe du grand dauphin. Sous ce marbre, il n'y a pas seulement le fils insignifiant de Louis XV, il y a Louis XVI, Louis XVIII et Charles X, c'est-à-dire la race de saint Louis éteinte et résumée en trois rois, le roi décapité, le roi exilé et le roi chassé. La grande branche royale née de Louis IX sort de cet autel et finit sous ce tombeau. Entre le tombeau et l'autel, il y a quatre pas et six siècles.

Après avoir vu cet autel et ce sépulcre, cet alpha et cet oméga, on entre dans le trésor, et l'impression est complète quand on a lu sur la superbe tapisserie de Charles de Bourbon le vieux cri d'armes de sa maison: *Ni espoir ni peur;* devise qui oublie Dieu et qui semble faite pour une famille morte

En 93, les cercueils fleurdelysés du monument de Coustou furent ouverts, les deux cercueils et les ossements du dauphin et de la dauphine portés dans le cimetière commun. Mais en 1814, quand Louis XVIII rentra dans son Louvre, le dauphin son père rentra dans son tombeau. Cette restauration a eu meilleure fin que l'autre; et quand on considère les pas que les esprits font chaque jour vers la pensée et vers la raison, on peut dire hardiment que désormais aucune révolution ne dérangera les quatre fantômes de marbre qui pleurent sur la maison de Bourbon devant le maître autel de Sens.

Il faut le dire ici, Charles X, en 1825, eut une idée touchante et qui eût été digne d'un roi penseur. Il fit faire un service solennel au grand dauphin, et il envoya son manteau du sacre pour couvrir le cercueil de son père. Avant que l'exil lui arrachât le manteau, il l'avait donné à la mort.

J'ai indiqué plus haut que le pallium royal est conservé dans le trésor; il est en velours violet, fleurdelysé, avec des abeilles brodées çà et là dans les fleurs de lys. Ce n'est pas sans tristesse que je le regardais accroché au panneau d'une vieille armoire dans cette cathédrale de Sens; je l'avais vu le 29 mai 1825, dans la cathédrale de Reims, sur les épaules du roi de France. Tout se mêlait à mon émotion, le vent d'automne, le jour brumeux, la pluie d'octobre qui battait la froide vitre blanche de la chambre du trésor, et le souvenir de la magnifique journée du sacre, de cette éblouissante matinée de printemps, de cet admirable soleil de mai qui pénétrait la grande rose de Reims et qui la faisait resplendir au-dessus de nos têtes à travers des nuages d'encens comme la roue de flamme du char d'Élie.

Où tout cela est-il maintenant?

Cette cathédrale de Sens est ainsi d'un bout à l'autre. C'est de l'art compliqué d'histoire; c'est la religion de l'âme puissamment combinée avec la philosophie des faits.

Les anciens chanoines sont enterrés au-dessous du chœur, les anciens évêques dans le chœur même. Une simple plaque de marbre noir incrustée dans le dallage de marbre blanc indique le gisement de

INTÉRIEUR DE LA CATHÉDRALE DE SENS.

chacun avec son nom. — *Jacob Davy du Perron Card^{lis} M. 1618.* — *Gualter Cornu. ob. 1241.* — Rien de plus. Tous sont là pêle-mêle, ossements méconnaissables, poussières confondues, les saints près des ambitieux, les martyrs avec les mondains, saint Loup avec Duprat. Au-dessus de ce pavé, et comme un arbre qui y serait enraciné, s'élève debout sur sa colonne une grave horloge du quinzième siècle dont on entend le balancier dans l'ombre comme le bruit des pas du temps. Sur le pinacle qui surmonte le cadran, un ange frappe les heures, et l'horloge, parlant comme une voix humaine, semble adresser aux vivants ce conseil des morts inscrit sur sa plinthe : *Vigilate quia nescitis diem neque horam.*

Comme je le disais en commençant, tout est contraste dans cette église. Si tout n'était pas enveloppé dans la grande unité mystérieuse du monument, ce serait un chaos d'impressions contradictoires. Thomas Germain a ciselé sur argent la figure vénérable de saint Loup, et Primatrice a sculpté sur marbre blanc la face grasse, large et plate de Duprat. Il l'a fait ressemblant. C'est bien là cet homme que Beaucaire qualifiait *bipedum omnium nequissimus.* Les quatre bas-reliefs sont du reste admirables. Ils représentent Duprat comme chancelier présidant une cour, comme cardinal présidant un chapitre, comme légat faisant son entrée à Paris, comme archevêque faisant son entrée à Sens. Duprat était mort lorsqu'il fit son entrée à Sens. La cérémonie en fut à peine dérangée. On pourrait dire qu'il n'y parut pas. On mit le cadavre à cheval, mains jointes, mître en tête, chape sur le dos, et on le promena ainsi processionnellement par la ville sous un dais porté par quatre chanoines. Le bas-relief le représente de la sorte et l'on entrevoit derrière l'archevêque l'homme qui le soutenait pendant la chevauchée. En 93, des fêlures brutales ont défiguré par endroits cette sculpture si sévère et si délicate. C'est triste. A la rigueur, on pouvait maltraiter le cercueil, mais il fallait épargner le tombeau; on pouvait insulter Duprat, il fallait respecter Primatice. L'histoire elle-même n'a pas le droit de toucher à ce que l'art lui prend.

J'admirais dans une des armoires du trésor un élégant ciboire à couvercle du seizième siècle, en vermeil orné d'arabesques de feuillages. Ici encore, un souvenir lugubre est mêlé à une chose charmante. Ce ciboire fut volé en 1531 par un jeune fou de dix-neuf ans, nommé Jean Pagnat. Il y avait une aventure d'amour au fond de ce vol. Le ciboire fut retrouvé sous un tas de pierres, le jeune homme fut brûlé vif devant le portail de la cathédrale. Ainsi cette gracieuse coupe de la Renaissance contient une tragédie. Par moments, dans les reflets dorés de cette orfèvrerie exquise, on croit voir trembler la flamme d'un bûcher.

Au bout d'un certain temps, quand je me promène dans une cathédrale, je suis toujours gagné peu à peu par une de ces rêveries profondes qui sont comme un crépuscule qui tombe dans l'esprit. Une cathédrale est pour moi comme une forêt; les piliers sont les larges troncs au faîte desquels les gerbes de nervures se croisent ainsi que des branchages chargés de ténèbres; les chapelles de la Renaissance s'épanouissent dans l'ombre des grandes arches comme des buissons en fleur au pied des chênes. Rien ne m'absorbe comme la contemplation de cette étrange œuvre de l'homme dans laquelle se reflètent si mystérieusement la nature et Dieu. Là, tout m'occupe et rien ne me distrait. L'orgue passe comme le vent; les clochetons noirs et inextricables se hérissent sur les tombes comme des cyprès; les verrières étincellent au fond des absides comme des étoiles dans des feuillages. Après les premiers instants je ne vois plus rien en détail, tout m'arrive en masse. Le bedeau erre en éteignant des cierges, les confessionnaux chuchotent, un prêtre marche dans la pénombre des bas-côtés, les bruits se dilatent sous la voûte et retombent avec des prolongements ineffables, une porte qui se ferme dans les profondeurs du sanctuaire jette un écho à la fois doux comme un soupir et terrible comme un tonnerre. Moi, je rêve.

Pendant que je rêvais ainsi dans la cathédrale de Sens, on a posé deux trétaux devant l'autel d'une chapelle, puis on a disposé des cierges autour de ces trétaux; un moment après, les cierges se sont allumés, on a placé une bière courte et étroite sur les tréteaux et l'on a jeté un drap blanc sur cette bière. Dans le même instant, — je n'arrange rien et je dis les choses comme je les ai vues, — dans le même instant, un groupe tout différent traversait l'église. C'était un maillot porté par des femmes, entouré d'hommes, et conduit par un prêtre qui allait à la chapelle du baptistère. Il y avait là, dans cette église, deux enfants. On allait baptiser l'un, on allait enterrer l'autre. Ce n'était pas un nouveau-né et un vieillard, ce n'était pas le commencement et la fin de la vie; je le répète, c'étaient deux enfants, deux robes blanches portées l'une par une nourrice, l'autre par un cercueil; deux innocents qui allaient commencer à vivre tous les deux en même temps, mais de deux façons différentes, l'un sur la terre, l'autre dans le ciel. Il y avait dans cette ombre une mère ravie et une mère désespérée. Pour ne pas troubler cette grande rencontre de deux mystères, je m'étais retiré près de la porte, derrière des planches qui masquaient les réparations qu'on fait à l'église. Je ne voyais plus rien, mais j'entendais, tout au fond de la cathédrade, dans la vapeur des chapelles lointaines de l'abside, des voix divines, des voix d'enfants, des voix d'anges, qui chantaient le chant des morts; et tout à côté de moi, derrière la barrière de planches, une voix d'homme, lente et basse, qui murmurait à l'oreille du nouveau-né les graves recommandations du baptême. Dans l'état de rêverie presque visionnaire où j'étais tombé, je croyais voir les deux portes du ciel entr'ouvertes. Par l'une une âme revenait vers Dieu, par l'autre une âme s'en allait vers nous. Les séraphins saluaient l'une, Jéhovah parlait à l'autre. Le chant de rentrée me paraissait joyeux; les conseils du départ me semblaient tristes.

J'ai suivi l'enfant qu'on a porté en terre. On l'a mis dans un cimetière vert et fleuri de marguerites qui entoure une vieille église au bout d'un faubourg, — une pauvre église de campagne. Puis on a dressé sur la fosse une pierre blanche. On y gravera sans doute son nom. En attendant, j'ai pris mon crayon et j'ai écrit sur cette pierre ces quatre vers :

Enfant, que je te porte envie !
Ta barque neuve échoue au port.
Qu'as-tu donc fait pour que ta vie
Ait sitôt mérité la mort ?

TABLE

TABLE

BRETAGNE ET NORMANDIE

1834

1835

1836

BELGIQUE

1837

MIDI DE LA FRANCE ET BOURGOGNE

1839

PARIS. — SOC. ANON. DE PUBL. PÉRIOD. P. MOUILLOT, IMP. 13, QUAI VOLTAIRE. — 67770.

www.ingramcontent.com/pod-product-compliance
Lightning Source LLC
Chambersburg PA
CBHW060642100426
42744CB00008B/1724

* 9 7 8 2 0 1 2 1 7 9 4 8 6 *